文史哲學集成

鄭樑生 著

中日關係史研究論集（十二）

文史哲出版社 印行

國家圖書館出版品預行編目資料

中日關係史研究論集. 十一 / 鄭樑生著. -- 初版
. -- 臺北市 :文史哲, 民 90
面; 公分. -- (文史哲學集成 ; 449)
含參考書目
ISBN 957-549-395-8 (平裝)

1.教育 – 日本 – 歷史 – 論文,講詞等 2.中國 - 外交關係 – 日本 – 論文,講詞等 3.中國 – 歷史 - 明（1368-1644）- 論文,講詞等
643.128 90019737

文史哲學集成 449

中日關係史研究論集(十一)

著者：鄭樑生
出版者：文史哲出版社
http://www.lapen.com.tw
登記證字號：行政院新聞局版臺業字五三三七號
發行人：彭正雄
發行所：文史哲出版社
印刷者：文史哲出版社
臺北市羅斯福路一段七十二巷四號
郵政劃撥帳號：一六一八〇一七五
電話 886-2-23511028・傳真 886-2-23965656

實價新臺幣三四〇元

中華民國九十年十一月初版

ISBN 957-549-395-8

中日關係史研究論集(十一) 目次

序

本論文集係裒集本人近年在國際學術研討會中宣讀，或發表於學術雜誌上有關中日關係史研究之篇什而成。

衆所周知，從元順帝至正二十三年（一三六三）開始侵擾中國的倭寇，經守將劉暹之征討而一時偃息，然明太祖朱元璋即位金陵（一三六八）後，從洪武二年正月起，倭寇便一直寇掠著中國，北自遼東半島起，南至閩、廣，整個沿海地區都受其肆虐。其寇掠規模容或有大小之別，當地居民所受生命財產的損失則一，而此事見諸載籍，斑斑可考。明初，由於太祖先後命德慶侯廖永忠、信國公湯和、江夏侯周德興等，於沿海要衝廣置城寨衛所，徙民籍兵，造船練軍，並下「片板不許入海」之嚴厲海禁，故所受災害尙屬輕微。永樂至正德年間（一四〇三～一五二一）雖亦不時來寇，其禍害亦不甚嚴重。惟至後來，海防逐漸廢弛，私販活動逐漸猖獗，致東南沿海所在通番，而以閩、浙爲尤甚。嘉靖（一五二二～一五六六）以後，私販的活動，除沿海客商與貧民爲生計所迫者外，大都是閩、浙大姓，和私梟船主依托勢豪相互勾結的上層勢力，交通官府，挾制官司，包庇窩藏，公然出入海上，致剿倭工作難有成效。明代的靖倭名將甚多，無法在簡短的篇什裏盡述他們每一個人的事蹟，即使是一個人的，也難以盡述。因此，本集首篇〈靖倭將軍俞大猷〉僅探討俞大猷的傳略、靖倭經緯，及他的靖倭策略等，其他各方面則容於另稿考察。

前此中、日兩國學者有關明代倭寇問題的論著不少，他們各有獨自的看法，其見解之值得傾聽者亦復不少。日本學者在第二次世界大戰以前，或在大戰期間累積下來的研究成果，主要在發掘史料方面作出貢獻。同時他們也發掘許多有關倭寇分子爲甚麼遠渡重洋至朝鮮半島與中國大陸劫掠？其劫掠目標是甚麼？其組成分子如何？中國人心目中的倭寇如何？當時中國人對日本人的印象又如何等問題。他們不僅將相關問題都發掘出來，而且在東亞海域多角形的交通情形，與夫日本各階層人士的對外意識，及在當時東亞國際組織上成爲關鍵性的具體人物，與其活動之相關史料之發掘和整理方面，也都有相當的貢獻。中、日兩國學者雖從許多不同角度來探討明代倭寇，但仍有若干問題有待今後之解決，例如：前此學者所爲之研究，雖竭盡其力，將他們所能看到的文獻史料作最有效的利用，而有其輝煌的成果，惟因他們受文獻史料的囿限，致所論內容或所下結論有時難免失實，即因未見某些史料，致無法將事情的眞相作正確的把握。由於他們大都只利用《籌海圖編》、《江南經略》、《鄭開陽雜著》、《武備志》、《明經世文編》、《明實錄》、《明史》等，而鮮少利用各地方志及采九德、徐學聚等人的著作，故本集第二篇擬介紹鄭舜功之《日本一鑑》，以爲有意研究明代倭寇問題者之參考。

倭寇之發生與明朝之實施海禁有密切關係。初時，他們只寇掠沿海地方，後來則與奸民狼狽爲奸，襲擊內地各州縣，輾轉肆虐，旁若無人，其間，民罹其殃而無以復加。迄至嘉靖二十年代，倭寇的肆虐逐漸加劇，且常不依貢期到中國。其人利互市，留海濱不去。於是巡按御史高潔請治沿海文武將吏之罪，嚴禁奸豪與倭交通。得旨，允行。而內地諸奸，利其交易，多爲之囊橐，終不能禁絕。嘉靖二十六年六月，巡按御史楊九澤上〈疏〉言：「浙江寧、紹、台、溫各濱海，界連福建福、興、漳、泉諸郡，有倭患，雖設衛、所城池及巡海副使、備倭都指揮，但海寇出沒無常，兩地官弁不能統攝，很難制禦。因此，請依往例，特遣巡視重臣，盡統海濱諸郡，庶事權歸一，威令易行」。結果，同年九月，勅諭都察院副都御史朱紈前去巡撫浙江，兼管福建福、興、建寧、漳、泉等處海道提督軍務。朱紈巡視海道時，曾採僉事項高及士民建議，革渡船，嚴保甲，搜捕奸民之通倭者。故引起閩人之資衣食於海者之強烈反彈，而欲以沮壞。然朱紈非但不因此氣餒，反而雷厲風行其討倭工作，掃蕩倭寇淵藪。朱紈雖因此被搆陷而失位，終於飲藥而亡，但他生前對討倭工作曾留下詳盡紀錄。本集第三篇〈佚存日本的《甓餘雜集》〉，即是介紹該紀錄者。

明太祖曾於洪武四年實施下海通番之禁，凡擅造二桅以上違式大船，及攜帶硝黃、軍器等違禁貨物下海，前往他國買賣，潛通海賊，爲其嚮導劫掠良民者，處以重罰。然東南濱海之地，以販海爲生，其來已久，而閩爲甚。閩之福、興、泉、漳，襟山帶海，田不足耕，非市舶無以助衣食。其民恬波濤而輕生死，亦其習使然，而漳爲尤甚。前此海禁未通，民業私販，吳越之豪，淵藪卵翼。橫行諸夷，積有歲月。海波漸動，當事者因爲厲禁。然而急之以致盜興，盜興而倭入。嘉靖之季，其禍蔓延，攻略諸省，荼毒生靈，致煩文武大師，殫耗財力，日尋干戈，歷十有餘年，而後方纔平定。因此，明人之研究河防、海防、邊防、省藩、兵制、武備、倭情者輩出而頗有成績。其中以鄭若曾《籌海圖編》

十三卷，鄭舜功《日本一鑑》〈隖島新編〉四卷、〈窮河話海〉五卷、〈桴海圖經〉三卷，采九德《倭變事略》四卷，徐學聚《嘉靖東南平倭通錄》等較著，流傳亦較廣。然除此外，如侯繼高《全浙兵制考》五卷附《日本風土記》五卷，朱紈《甓餘雜集》十二卷亦甚重要，只因它佚存海外而國人無從研讀而已，就南明鄭大郁所編纂《經國雄略》四十八卷言之，其情形亦復如此。職是之故，本集第四篇〈佚存日本的《經國雄略》〉，即爲簡述鄭大郁此一鉅著的內容，以供研究明史，明代中日關係史者之參考。

日本女皇推古於六世紀末即位（五九二）後，以聖德太子爲攝政。當時日本政府鑒於隋朝已統一中國，朝鮮半島的新羅已逐漸茁壯，乃欲謀自強以爲因應。故除積極整頓內政外，復於煬帝大業三年（六〇三），以大禮小野妹子爲遣隋使至中國朝貢。自此以後，中、日兩國的邦交便揭開序幕。隋亡，唐興，此一邦交繼續未斷。隋唐時代，中國與日本的往來頻繁，中國因而有更多機會觀察此一鄰邦的優點，日本也經此往來而學習中國的高度文化，並模倣、移植中原的典章制度，從而提昇其國民日常生活的品質，加速其國家的制度化，終於步上律令國家之路。聖德太子的整頓內政雖與權臣蘇我氏妥協，致其成效不彰，卻也給稍後之大化革新奠定了基礎。孝德天皇元年（大化元年，六四五），中大兄皇子與中臣（藤原）鎌足謀，利用三韓使節覲見日皇之際，謀殺權臣蘇我入鹿。其後即著手革新政治，企圖使其國家更上一層樓。中大兄等人從事政治改革所涵蓋的層面相當廣闊，舉凡政府組織、官制、土地制度、稅制、兵制、刑罰等無不涉及，而這些改革莫不以唐朝制度馬首是瞻。因此，本集第五篇〈唐代學制對日本古代教育的影響〉，即針對其教育制度方面作一番探討，並且與中國此一方面的措施作比較，以論述當時日本的教育之內容。

日本之能有今天，並非一蹴可幾，乃是經過採取一系列的革新措施，如：地租改正、學制、徵兵制、內閣制度，頒布憲法，確立軍事警察權，並經過實施上述各種措施所產生之若干波折以後方纔確立。那些措施中最重要者爲教育。此事就如安川壽之輔於其〈學校教育と富國強兵〉一文裏所引，日本在日俄戰爭所得「勝利之桂冠應獻給日本的學校教師」之西方國家之報紙所給予之評價似的，當日本在明治維新以後步向近代化、軍國主義化的路程時，其學校教育，尤其是小學教育所扮演的角色不容忽視。亦即日本在近代化的過程中，其致力於教育普及和開發人材，即促進近代化與注重人力的政策，和統一其國民的思想體系有密切關聯。明治政府從一八八六年開始所作〈憲法〉、《皇室典範》、地方自治制度之起草工作，經過年餘便有了結果，並且先後公布了相關法案。這些重要法案的公布，與一八九〇年十月三十日公布的〈教育勅語〉，同爲日本天皇制政府結果的基本要素。促使日本近代化的因素很多，而以此〈教育勅語〉爲中心來探討與日本近代化有關之論著亦復不少，所以如要再予探討相關問題，雖難免有舊調重彈之譏，但本集末篇〈明治「教育勅語」與日本近代化〉，卻擬從外國人的立場來考察〈教育勅語〉與日本近代化的關聯，及它之影響日本國民教育，使日本步上軍國主義之歷程。

以上各文雖獨立成篇，而其間關聯之脈絡，亦隱然可見，故都爲一册，便於誌存，並就教於大方之家，尚祈博雅君子不吝賜正是幸。

鄭樑生識於中壢

二〇〇一年歲次己卯仲夏

靖倭將軍俞大猷

一、前　言

衆所周知，在有明一代（一三六八～一六四四），中國東南沿海州縣曾經不斷受到倭寇的侵掠，給當地居民帶來極大禍害；這種禍害，幾乎與明之國祚相終始。

中國之受倭寇侵擾始自元末，《元史》卷四六〈順帝本紀〉至正二十三年（一三六三）八月丁酉朔條云：

倭人寇蓬州，守將劉暹擊敗之。自十八年以來，倭人連寇瀕海郡縣，至是海隅遂安。

《新元史》卷二六〈惠宗本紀〉同年同月日條，卷二五〇〈日本傳〉並見此事。在此所謂：「海隅遂安」，應是指順帝至正二十三年至元朝滅亡的數年間而言。事實上，明太祖朱元璋即位金陵後，從洪武二年正月起，倭寇便一直侵擾著中國，北自遼東半島起，南至閩、廣，整個沿海地區無不受其肆虐。其寇掠規模容或有大小之別，當地居民所受生命財產的損失則一，而此事見諸載籍，斑斑可考。

明初，由於太祖先後命德慶侯廖永忠、信國公湯和、江夏侯周德興等，於沿海要衝廣置城寨衛所，徙民籍兵，造船練軍，並下「片板不許入海」的嚴厲海禁，故所受災害尚屬輕微。永樂至正德年間（一四〇三～一五二一）雖不時來寇，其禍害亦不甚嚴重。惟自嘉靖（一五二二～一五六六）初年因寧波事件嚴行海禁以後，私販活動轉趨猖獗。東南沿海所在通番，而以閩、浙為尤甚。由於此一時期的私販活動，除沿海客商及貧民為生計所迫者外，大都是閩、浙大姓，和私梟船主依托勢豪相互勾結的上層勢力，交通官府，挾制官司，包庇窩藏，公然進出海上。故在嘉靖二十六年當時擔任浙江巡撫，負責海防及剿倭的朱紈方纔有「去外國盜易，去中國盜難；去中國瀕海之盜猶易，去中國衣冠之盜尤難」（註一）之歎。

由於朱紈嚴厲執行海禁，致引起閩、浙大姓之勾倭者之不安忌恨，遂設法排擠他；而吏部竟用御史閩人周亮及給事中葉鏜之言，奏改紈為巡視，以殺其權。之後，紈又因捕殺渠魁李光頭等九十六人而被劾擅殺；世宗竟命兵科都給事中按問。紈聞之，製〈壙志〉，作〈絕命詞〉，飲藥而死。紈死後，不僅罷巡視大臣不復設，中外搖手不敢言海禁事，而且撤備弛禁。（註二）結果，不久以後，海寇大作，進入所謂「大倭寇」時代。

如據鄭若曾《籌海圖編》卷八〈寇踪分合始末圖譜〉、《明世宗實錄》，及《明史》卷三二二〈日本傳〉等書的記載，嘉靖三十年代之倭寇之主要分子有蕭顯、徐銓、徐海、陳東、麻葉、王直、李光頭、許棟、陳思盼等，而以徐海、王直為著。嘉靖三十年代的倭寇，其肆虐的地區雖主要在江浙一帶，然當徐海、陳東、麻葉、王直等渠魁先後為浙江總督胡宗憲所殺後，其原盤據舟山的餘賊遂南徙福建之浯嶼，擾害閩、廣。幸經俞大猷、戚繼光、李遂、殷正茂諸將之大力征剿，及隆慶（一五六七～一五七二）以後的開放部分海禁，海宇遂得晏如。

明代的靖倭名將甚多，無法在簡短的篇什裏盡述他們每一個人的勳功偉業，因此，本文擬先探討俞大猷的生平事蹟，其餘則容於他日考察。

二、傳　略

俞大猷，字志輔，號虛江。福建泉州河市濠格頭村人。前屬晉江縣。濠格頭村距河市二里；河市距泉州五十二里。據李杜〈征蠻將軍都督虛江俞公功行紀〉的記載，俞氏之先出自鳳陽霍邱。始祖從明太祖驅馳天下四十載，始膺百戶之封於泉州，歷五世六襲而大宗絕。父愛松，承繼六世祖敏之封廕，世襲百戶。家境清寒，日或不暇給。大猷童年，依其母楊氏織髮網易米爲生。夫人陳氏，弟志弼，日事耕織。子咨皋。（註三）

大猷生於明孝宗弘治十六年（一五〇三）。五歲入河市家塾讀書，（註四）十歲隨父遷居泉州城內北門，與鄧城、湯克寬、李杜、薛南塘，及史方齋、禮齋昆仲等十餘人讀書於清涼山，爲文字友，時稱十才子。（註五）《明史》卷二一二〈俞大猷傳〉所記，大猷曾受《易》於王宣、林福、趙本學，得蔡清之傳。王宣常即《易》以論古今治亂興衰之跡，林福常即《易》以明心性忠孝仁義之奧，趙本學常即《易》以衍兵家奇正虛實之權。（註六）《福建通志》總卷三十四分卷二十四〈明〉八則記：「王宣爲人廓落豪邁，持論正大」；「林福慷慨鯁直，有俯視流俗，擔當宇宙之氣，而才識練達，窮究《易》理」；二師皆博雅方正，道德、學問對大猷思想影想甚深。（註七）由於自小立志攻舉子業，故年方十五，便已博通儒家經典，且於本年進秀才。（註八）

大猷二十歲時已滿腹經綸，既能詩，又能文，自以爲由科第置身朝廷，大行儒家兼濟天下之抱負。然事與願違，其父溘然長逝，家貧不能酬其志。於是去儒服，承繼世襲百戶祖職，始學騎射，而從同安人李良欽擊荊楚長劍。（註九）何世銘《兪大猷年譜》卷四云：

大猷既盡得劍術，益悟常山蛇勢，以爲兵法之數起五，猶一人之身有五體，雖將百萬之兵，可使合爲一人。

復云：

又從趙本學精研《韜鈐》內外篇，……趙亦泉州人，師事（泉州名儒）蔡清，杜門著述，且謂昇平日久，世罕知兵，乃以圮上老人自負。閉門六十年，考編《韜鈐》內外篇，上下古今戰法，列爲陣圖，以授大猷。大猷師事王、林、趙三師，而默契神會，尤能融貫其精神，加以發揚光大。

大猷既精《易》理，一切言行，皆依據周圍事物演變，與時間推移而定。（註一〇）李杜〈征蠻將軍都督虛江兪公功行紀〉謂：

（大猷）絕不信神僊飛昇，佛氏輪迴，占相兆夢，禱祠禬祟，支干孤虛，雲物氛祲，妖魔星術，勘輿奇遁之說。蒞官誓眾，陳師鞠旅，營室興事，率自決於理與時，而未嘗一訊於術者之口。……考察事物推遷，不拘泥於陳規陋習。

又謂：

俞氏以爲古人事業，亦是今人爲之；知後人視今，不猶今之視古？豈甘視古人別是一等峻絕神人爲不可企及乎？至於局面不同，作用各異，要於成功成名，足耀千古而已。譬有病於此，昔者秦緩、扁鵲嘗用此方治而愈之，今二醫復生，所遇之病同於昔人，恐亦別有治愈之法，而不必復執用昔日之方。

由此觀之，大猷雖在明代畏天敬神，事鬼、占卜、泥古守舊之風甚熾的時代，竟能超塵脫俗，獨具時移世異發展的眼光，對待周圍事物而一點也不迷信，並且認爲古人與今人所處時代與環境互不相同，故立身揚名的方法也未必相同，應該根據自己所處時代與環境來努力。這種卓絕識見，實難能可貴。

又據何世銘《俞大猷年譜》卷四的記載，大猷於世宗嘉靖十四年（一五三五）三十三歲時，參加武舉會試中式，列進士第五名，授泉州衛正千戶，守禦金門，兼理民事。按明制：鄉舉必歷中三科，方得聽用。大猷由文秀才中武舉人，再由舉人中武進士。進士復試中式，始由世襲百戶，正式委用爲泉州衛所正千戶。明年，大饑，餓殍相望。大猷領賑福建同安，所活萬餘人云。李杜〈征蠻將軍都督虛江俞公功行紀〉又載：以海盜勾結倭寇，危害東南沿海州縣，日甚一日，認爲涓涓不塞，終成江河；毫毛不拔，終成斧柯。乃上書僉憲陳伍山，論用兵二弊二便，而宜早作防範。奈因伍山昏聵，非僅未採其建議，反斥武人不該上書饒舌，杖之，並革去守禦金門正千戶職位。金門人流涕為其作生祠；其秀士從大猷受《易》者，追隨至郡中；其丁壯習劍法者，給役其家不肯去。

嘉靖二十一年（一五四二），大猶年屆不惑。時詔選天下有將帥材者，御史徐宗魯，集諸司傳選武臣於庭。惟因承平日久，民不知兵，武臣見選，有苦之者。〈征蠻將軍都督虛江俞公功行紀〉曰：

> 公（大猷）獨整冠扶帶，趨蹌而前，慷慨而言曰：「臺下奉明詔選邊帥，無踰於俞大猷者矣。俞大猷於九邊形勢虛實無所不知，古今兵法韜略，無所不究，且以忠孝詩書，運於其間，朝廷大用之，當見大效，小用之，當見小效。計以塞明詔，無踰猷者。

御史宗魯固心然之。督學田汝成召大猷入，飲之茶而禮之。大猷乃盡鬻其家產遊京師。夫人陳氏，內理絲維；弟志弼，外治生事，以奉太夫人。大猷至京師，主於都御史邱養浩家。養浩與之居久。養浩歎曰：「大猷光霽之懷，敏練之識，社稷之器也。」（註一二）而推崇不置。明年，御史徐宗魯上大猷之名於兵部。兵部咨送宣大總督翟朋，而為翟朋所聽用。如據《正氣堂集》卷一的記載，大猷曾於嘉靖二十一年〈上兵部尚書東塘毛公書〉，言破敵策於兵部尚書毛伯溫。在朝諸公如都御史程雙溪、沂東劉存德、吏部侍郎李愷等人異其才，乃連名舉薦。三月，兵部以大猷有將才，授守備汀漳二府地方以都指揮體統行事署指揮僉事。

大猷守備汀、漳，根據地方積弊，上書條議汀、漳山海事宜，謂：汀、漳山谷地方，當預防其地之變有二，當先事而備之機有三；漳海地方，當處其地之變有一，當先事而備之機有四，其為難之機

又有一，均提出處置辦法。（註一二）

嘉靖二十六年（一五四七）五月，大猷督領海兵，於元鍾蒲澳，戰擒海寇賊首康老等大小船七十艘，生擒八十餘名，攻沉下水五百餘名。七月，巡按福建御史金城，委以帶領陸兵，戰擒流賊雷士賢等五十餘名。十一月，巡視浙福軍門朱紈，委領陸兵擒滅流賊湯信四等一百七十名。（註一三）由於大猷鎮守汀漳，戰績顯著，海陸諸寇悉平，於是督府朱秋崖（紈）、虞東崖、侍御史趙和安交章推薦大猷可任大將。十二月，大猷因戰功陞爲廣東都指揮使司添註軍政僉書署都指揮僉事。（註一四）

如據《明史》卷二一二〈俞大猷傳〉所記，嘉靖二十七年時，新興、恩平峒賊譚元清等，屢招屢叛，有司不能制。兩廣總督歐陽必進，認爲平賊之事，若復委諸有司，恐終歸於談梅畫餅，惟都指揮俞大猷，懋闡才，能盡心所事，開城撫諭，往來新恩，臨機應變，終當有成，於是委以陸兵，駐箚新興縣。

大猷親至界中，即上〈揭帖〉於歐陽必進，亟言：「傜族化外之民，治之宜緩，浪賊治地之民也，治之宜急」。且謂：「保妻子，顧身家之念，雖盜賊亦有之，苟治之得道，安之得所，誠信以致其來，威武以制其背，旬月之間，可使爲編民也。」（註一五）而親率數人遍詣賊峒，曉以禍福，且教之擊劍，賊駭服。（註一六）由於大猷措施，寬嚴張弛，大中群情，且以保甲聯民，教以戰陣，令民得自爲戰，自爲守，自此以後，民不畏賊，新民不畏兵，二邑遂漸安。

嘉靖二十八年（一五四九），大猷四十七歲。浙江巡撫朱紈，以福建倭寇甚熾，奏遷大猷爲福建僉書都司。兩廣總督歐陽必進，則以安南賊臣范子儀，擁衆數萬人入寇欽、廉，勢尤危急，兩邑生靈之命，皆懸於俞，不同意其離去，乃奏留往平；又遣使促大猷早日從新恩前往欽、廉。（註一七）

大猷馳至廉州，賊攻城方急，大猷以舟師未集，當有以緩之，乃遣帳下陳子萃、王任櫂奉檄馳入賊營，呼籲賊衆詣軍門乞降，否則大兵壓境，無噍類矣。衆賊懼，是夕散去者二萬餘人云。（註一八）未幾，舟師至，設伏於冠頭嶺。賊犯欽州，大猷遮奪其舟，追戰數日，生擒范子儀之弟子流，斬首千二百級。窮追至海東雲屯，檄宏瀷子儀，函首來獻。事平，嚴嵩抑其功不敍，但賚銀五十兩而已。（註一九）

大猷既平定交南，值瓊州五指山黎那燕煽惑感恩、昌化諸黎共反。歐陽必進檄大猷討之。大猷於二十九年三月，督右哨土漢官兵先剿符門欽等，繼則與廣西副將沈希儀諸軍征剿黎那燕等。事平，大猷言於必進曰：

黎亦人也，率數年一反一征，豈上天生人意?長治之策，宜建城廓，設州縣，立君長，興學校，敷教化，設墟市，通往來。嚴禁童女披髮文身；男人務著衣衫，不得赤身裸體，然後用漢法雜治之，是亦用夏變夷也。（註二〇）

必進納其言。大猷乃單騎入諸峒，與黎人約法，海南遂安。

大猷在海南島瓊州四年，雖任武職，卻關心吏治，同情民間疾苦。凡能仁以愛民，明足照奸，敢革積弊之賢良官吏，與忠於職守，勇於殺敵之武將，褒揚獎掖，不遺餘力。（註二一）

大猷經略瓊州之黎賊奏功，世宗於嘉靖三十一年（一五五二）十月，詔移分守浙江寧、紹、溫、台等處地方左參將都指揮僉事，參贊浙江總督王忬戎機，抗擊倭寇。（有關大猷靖倭事，容於下節論述）

嘉靖三十二年（一五五三），倭寇犯江北，連入青州、徐州，山東大震。又回竄浙江，濱海數千里，同時告警，破昌國衛。四月，犯太倉，破上海縣，掠江陰，攻乍浦。八月，劫金山衛，犯崇明及常熟、嘉定。三十三年正月，自太倉掠蘇州，攻松江，復趨江北，薄通、泰。四月，陷嘉善，破崇明，復薄蘇州，入崇德縣。六月，由吳江掠嘉興，還屯柘林，縱橫來往，如入無人之境。因浙江總督王忬不能有所爲，故改撫大同，以李天寵代忬提督浙直軍務，以張經總督浙直南畿軍務，陞僉大猷提督直隸金山等處地方海防副總兵官，通力剿倭。（註二二）

明年，總督張經以大猷諳曉備倭事宜，著即條議，以憑採擇施行。大猷即呈十〈揭〉，備陳防倭策略。（註二三）未幾，張經雖在王江涇有顯赫戰功，卻因得罪趙文華，致不僅其功爲文華所攫取，而且反被其誣陷而見殺。大猷亦受牽連，竟坐金山失律，謫爲充事官。（註二四）大猷當時雖坐金山失律，謫爲充事官，但舊職雖褫，事權尚在，而倭雖敗柘林，新倭卻源源而至，寇掠江南各地無虛日。因此，大猷與副使任環等分兵討之，賊舟多覆。餘倭復糾合至四十餘艘，巢於川沙窪。應天巡撫曹邦輔，乃劾大猷縱賊。世宗怒，奪其世廕，責死罪，詔立功自贖。十一月，官兵圍周浦。賊急，遂與川沙窪賊合踪出海。大猷偕副使王崇古追擊之，及於老鸛嘴，焚倭巨艦八，斬獲無算。（註二五）

大猷雖屢有戰功，原職、世廕卻未得復，故慨歎曰：大抵猷力漸薄，無以悅當國元老之心；雖兵部屢次奏功，趙兵科近日論薦，竟不准復原職。職之復不復皆無妨，但得公論明白，雖鞠躬至斃，可也。（註二六）

嘉靖三十五年（一五五六）三月，罷劉遠，以大猷代遠爲浙直總兵官。大猷乃上書浙江總督周琉，論議整用河船，召募閩、廣精兵，多備兵銃，鎭守沿海孤城，使倭不敢內犯。（註二七）未幾，周琉被罷，楊宜繼其職。大猷即上書言：海勢宜知，海防宜密，杜絕倭人往來，並以湖廣陸兵制勝。至於內河水戰，則宜以三櫓船、鷹船相資爲用。（註二八）十二月，大猷以參與平渠魁徐海功，詔還世廕，陞署都督僉事，仍舊鎭守地方。（註二九）

嘉靖三十六年（一五五七），大猷五十五歲。是年，浙江總督遣蔣洲、陳可願赴日招撫渠魁王直，經一波三折後，王直終於返國聽撫。胡宗憲用總兵盧鏜言，欲允直與倭通市。兵部郎中唐順之爲請於朝，言盧「鏜，老將也，其策可用」。惟獨大猷力言不可，謂：

太祖、太宗知倭奴健悍，終爲後世患，故深拒其貢獻，嚴其通舶，將以廢其水道耳。方今來寇，是通之之罪，非絕之之過也。今誠大治戰艦，賊來則擊，賊去則追；又來又擊，又去又追，行之數年，可復治安之舊；若復與之通市，東南之禍，無已期矣。……王直在海島，則能以繒物誘倭之來，在彼國則一逋逃之夫耳，倭之來不來，非關王直誅不誅也。置之度外，最爲得策，若誘之使來，聽其互市，是爲國家生事矣，後必悔之。（註三〇）

大猷前後呈胡宗憲〈揭帖〉多至二十首，力言倭寇可滅，王直可誅。

嘉靖三十七年（一五五八），大猷五十七歲。是年三月下旬，倭犯浙江小姑渡，嚮礁門、柯梅。大猷督參將劉顯、戚繼光、張四維，水陸夾擊，沿途截殺。十一月，柯梅倭，駕舟出海。大猷等，自沈家門引舟師橫擊之，沉其末艘，稍有斬獲，各賊舟趨洋南去，由是福建與湖廣間紛紛以寇警聞矣。（註三一）明年三月，浙江總督胡宗憲，陰縱犯浙倭寇掠閩州縣，爲御史李瑚所劾。瑚與大猷皆福建人，宗憲疑大猷漏言於瑚，故諉罪於大猷。（註三二）世宗怒，再奪大猷世廕。四月，命逮大猷、黎鵬舉至京，赴詔獄訊治。士民、軍校、工旅，奔走驚呼；市陌、村落、海嶠之間，嗟歎之聲相聞。（註三三）

嘉靖三十九年（一五六〇）正月杪或二月間，大猷自獄中獲釋，乃東出薊門，西入雲中，談天下事於諸公卿之前，猶運之掌上。大同巡撫李文進聞大猷至，輟兵書以俟。大猷至，出迎。大猷撫掌曰：「微胡公之論，吾豈得與公復相見於此哉？晨夕相議，其契無論。」（註三四）本年，詔還大猷世廕。明年三月，大猷自雲中南歸，取道河南嵩山，至少林寺觀衆僧劍技，認爲已失古法，乃帶二僧隨行，授以眞訣。三年後，命其回寺轉授衆僧，得其再傳者近百人云。（註三五）

嘉靖四十年（一五六一），大猷在雲中，一年之間，朝廷及督撫諸公之上〈疏〉言其賢者，不下二十。四月，鎮筸（註三六）有警，川湖總督黃夔峰，奏請任命大猷爲鎮筸參將。會鎮南張璉反，福建提督劉帶川，請移大猷爲南贛參將。七月，詔移大猷爲南贛參將，合閩、廣之兵討之。明年，海寇張璉既平，大猷散璉餘黨二萬，不戮一人。世宗悅，賜白金、璽書，陞副總兵官，加節鉞，命控制江、湖、閩、廣四道兵馬，協守南贛、汀、漳、惠、潮諸郡。又明年二月，大猷陞爲署都督僉事，鎭守福建、南贛、惠、潮等地方伸威營總兵官。（註三七）

嘉靖四十三年（一五六四），大猷六十二歲。是年正月初七日，詔大猷自南贛移鎭潮州。大猷至潮，即呈總督軍民張石川書二首，請留徐僉憲，言徐恩信已入潮州之民，應予專道之寄，始能行事。六月間，大破倭賊於海豐，旋回師福建，以威名懾群盜。事平，仍回惠州。（註三八）

嘉靖四十四年（一五六五），渠魁吳平自去年進南澳，本年秋自南澳入犯福建，把總朱璣等戰歿於海中。詔必欲得平。大猷率僅存寡弱水兵，戚繼光將陸兵，夾擊於南澳，平僅以身免，奔據饒平鳳凰山。大猷乃移書福建軍門及福建總戎，謂吳平係必誅之寇，當時款處，以潮州倭寇數萬，恐其合夥，姑分其勢。今閩中之兵，頃刻可至，而廣無一兵一船，必欲滅之，須三月之後。然廣東舟兵，久無一至，竟不得吳平；而閩師又急於速戰，平遂掠民舟出海。大猷部將湯克寬、李超躡賊後，繼續追擊，平遂遁入安南，爲明邊兵所追擊而殺之。閩廣巡按御史不瞭解當時軍情，交章劾論大猷縱賊，致大猷坐奪職免官。平卒爲克寬所追擊，遠遁以免，不敢入犯矣。（註三九）

當大猷坐免官之際，値河源、翁源賊李亞元等猖獗，兩廣總督吳桂芳，上〈疏〉留之，曰：

六月間，俞大猷自請不費斗糧，但假以半載，生縛平賊，乃閩師果於一戰以得賊，而閩人方以往歲招平爲大猷罪，故大猷亦隨從傳咻而已。前歲叛卒，若不爲計款之，而但與角力於大海茫洋之間，則叛卒至今存也。今兩省會剿平賊，廣費五六萬，閩復倍之；令大猷計行，何至費此？大抵士之當事，有所行出於人情之所共駭，而實有濟於地方之重計，要在臻其成而後人翕然信之，其不成，則人以爲罪，而當事者，亦無以自解。俞大猷之所以蒙重垢者，其以是歟？方林壑之想，旦夕惟勤，非故爲將官飾罪以自持，固特念與人共事，知其實非，推避退却，而不以達，是不忠也。（註四〇）

廊廟諸公多同意桂芳之言，於是得請。桂芳遂征十萬大軍，興二源之役，分兵五道並進，而屬大猷總董其軍。結果，計俘斬一萬四千，奪還被擄男婦八萬人，諸峒悉平。詔還大猷去年所奪職位，（註四一）時在嘉靖四十五年（一五六六）。本年冬，吳桂芳奏請轉調大猷爲廣西總兵官。

同年十二月，世宗崩，遺詔三子裕王載垕嗣位，是爲穆宗，改元隆慶。

隆慶元年（一五六七）正月十六日，大猷受命爲鎮守廣西地方總兵官、征蠻將軍前軍都督府署都督同知。是年，廣東海賊曾一本，嘯聚數萬人，擁戰艦數百艘，橫行海上，剽掠州縣，流毒地方。兩廣總督張瀚，以海上事壞，〈疏〉留大猷至廣討平。（註四二）二年正月，大猷即到廣東，籌劃一切。三年三月，曾一本陷碣石衛，裨將周雲翔殺參將耿宗元叛附於賊。（註四三）是時兩廣募兵，福建造船俱已完成。六月間，一本犯福建，大猷合郭成、李錫軍，與一本遭遇，戰於漳、潮間。一捷於玄鍾之戰，賊之亡者十之二三；再捷於柘林之役，賊之亡者十之五六；三捷於蓮澳之戰，賊之亡者十之八九。旬日三戰三捷，生擒曾一本。同年六月二十六日，海上武功告成。兩省論功，皆首大猷。於是錄功進

大猷右都督，還鎮廣西。（註四四）

大猷還鎮廣西後，新任兩廣總督軍門劉，著其再將古田僮情計議停妥見報，以憑裁奪施行。《正氣堂集》卷一六〈征剿古田事略〉謂：大猷於十二月十一日，再上〈古田近議〉一文，言古田之僮，罪大惡極，法當征討，請朝廷早日定計。前此十一月，大猷獨捐俸建造故鄉河市濠溪橋，閱月竣工。行人免於涉水。大猷乃撰文記造橋始末，勒石豎碑於橋端。石橋至今猶便行人云。當時廷議，對古田劇賊，剿撫未決。於是大猷於隆慶四年（一五七〇）五月，再呈總督兩廣軍門，請早定剿撫大計，以復縣治。於是廷議乃決，奉旨准撥四萬銀兩，並新設廣西地方巡撫，主持剿撫，由殷正茂新任巡撫。正茂與提督李遷，到任後即與大猷日夜勞心殫慮，廣集衆思，計畫征剿。十二月朔日，開始進剿古田僮傜奴主。大猷居中四面指揮，連破數十賊巢。各賊敗散，奔合潮水、馬浪、苦利等巢，據險抵抗官軍。至翌年二月下旬，三潮相繼被官兵攻下，並擒斬賊首黃朝猛，生擒賊首韋銀豹，乃於三月題本告捷，改古田縣爲永寧州。大猷因功進世襲指揮僉事。（註四五）

隆慶六年（一五七二），大猷七十歲。大猷爲廣西巡撫李良臣所劾，言大猷奸貪，放縱不法，所當從重究處，更謂所擒韋銀豹非眞。然大猷身爲將領，操守廉潔，馭下有恩，且數建大功，威震南服。故兵部認爲李良臣所劾情節可疑，因覆本辨之，謂：「但恐意苡明珠之疑難辨，而良弓走狗之喻堪嗟。蓋大猷自束髮從戎，馳驅疆場，多樹勞積。如今年事已高，一旦摧折太甚，或致他故，則南北諸將聞之，寧不垂頭喪氣，扼腕而太息？若處置萬一失宜，則蠻夷將藐視將帥，後來者益難展布，非所以存大體而視遐方也。但大猷身為主帥，既遭論劾，心跡未明，其勢難以留任。念其功浮於過，姑免深究，仍令回籍聽候別用。」（註四六）大猷回籍後，旋起為南京右府僉事。未到任。六月，改調為欽差鎮守福建福興泉漳延福邵武福寧浙江金溫地方總兵官，前軍都督府右都督。

萬曆元年（一五七三），大猷七十一歲。是年秋，大猷議攻倭賊於澎湖。他海賊突襲閩峽澳，自漳泉趨福寧。大猷遣兵追之將及，副使鄭之屏趨向澎湖。賊猝入風火寨，殺把總離去，大猷因此坐失律奪職。（註四七）三年，以署都督僉事，起後府僉書，提督京城兵車營。（註四八）時王崇古協理戎政，請專委大猷訓練。方欲推之九邊，會兵部尚書譚綸卒，大猷歎曰：「無同吾志者矣」！遂上三〈疏〉乞歸。（註四九）八年，大猷卒。賜祭葬。贈左都督。諡武襄。終年七十八。葬於福建晉江縣歐厝街東南二里許小丘上。墓碑文曰：「虛江先生墓」。

三、靖倭經緯

倭寇之侵掠中國東南沿海各地，雖始自明朝建立之初，然因太祖採取種種措施以加強海防，及永樂以後至嘉靖年間有過中日兩國間的貢船貿易，故寇害尚不嚴重。倭寇騷擾中國之轉趨激烈，是在嘉靖二年（一五二三）因發生寧波事件，明廷要求日本嚴守貢期，及貢船、赴京人員數目，而尤其在嚴厲執行海禁的浙江巡撫朱紈失位，撤備弛禁之後。《明史》卷二〇五〈朱紈傳〉云：

明（嘉靖二十六）年七月，倭寇起，改提督浙、閩海防軍務，巡撫浙江。初，明祖定制，片板不許入海。承平久，奸民闌出入，勾倭人及佛郎機諸國入互市。閩人李光頭、歙人許棟踞寧波之雙嶼爲之主，司其質契。勢家護持之，漳、泉爲多，或與通婚姻。假濟渡爲名，造雙桅大船，運載違禁物，將吏不敢詰也。或負其直，棟等即誘之攻剽。負直者脅將吏捕逐之，泄師期令去，期他日償。他日至，負如初。倭大恨，益與棟等合。而浙、閩海防久隳，戰船、哨船十存一二，漳、泉巡檢司工弓兵舊額二千五百餘，僅存千人。倭剽掠輒得志，益無所忌，來者接踵。紈巡海道，採僉事項高及士民言，謂不革渡船則海道不可清，不嚴保甲則海防不可復，上〈疏〉具列其狀。於是革渡船，嚴保甲，搜捕奸民。閩人資衣食於海，驟失重利，雖士大夫家亦不便也，欲沮壞之。……明年，將進攻雙嶼，使副使柯喬、都指揮黎秀分駐漳、泉、福、寧，遏賊奔逸，使都司盧鏜將福清兵由海門進。……夏四月，鏜遇賊於九山洋，俘日本國人稽天，許棟亦就擒。棟黨汪（王）直等收餘衆遁，鏜築塞雙嶼而還。番舶後至者不得入，分泊南麂、礁門、青山、下八諸島。勢家既失利，則宣言被擒者皆良民，非賊黨，用搖惑人心。又挾制有司，以脅從被擄予輕比，重者引強盜拒捕律。紈上〈疏〉曰：「今海禁分明，不知何由被擄？何由脅從？若以入番導寇爲強盜，海洋敵對爲拒捕，臣之愚暗，實所未解」。遂以便宜行戮。紈執法既堅，勢家皆懼。

卷三二二〈日本傳〉則云：

當是時，日本雖入貢，其各島諸倭歲常侵掠，濱海奸民又往往勾之。紈乃嚴爲申禁，獲交通者，不俟命輒以便宜斬之。由是，浙、閩大姓素爲倭內主者，失利而怨。紈又數騰於朝，顯言大姓通倭狀，以故閩、浙人皆惡之，而閩尤甚。巡按御史周亮，閩產也，上〈疏〉詆紈，請改巡撫爲巡視，以殺其權。其黨在朝者左右之，竟如其請。又奪紈官，羅織其擅殺罪，紈自殺。自是不置巡撫者四年，海禁復弛，亂益滋甚。

〈日本傳〉繼上舉文字之後又云：

祖制，浙江設市舶提舉司，以中官主之，駐寧波。海舶至則平其直，制馭之權在上。及世宗，盡撤天下鎮守中官，并撤市舶，而濱海奸人遂操其利。初，市猶商主之，及嚴通番之禁，遂移之貴官家，負其直者愈甚。索之急，則以危言嚇之，或又以好言紿之，謂我終不負若直。倭喪其貲不得返，已大恨，而大奸若汪（王）直、徐海、陳東、麻葉輩素窟其中，以內地不得逞，悉逸海島爲主謀。倭聽指揮，誘之入寇。海中巨盜，遂襲倭服飾、旂號，並分艘掠內地，無不大利，故倭患日劇。

在上述情形之下，明廷爲敉平倭亂，曾再三更迭負責靖倭的將領，而俞大猷之參與靖倭，係在朱紈任浙江巡撫負責勦倭的嘉靖二十年代中期。前此大猷曾呈〈上兵部尚書東堂毛公書〉，向當時兵部尚書毛伯溫提出破敵之策，在朝諸公認爲其言頗有見地。三月，兵部以大猷有將才，授予守備汀漳二府地方以都指揮體統行事署指揮僉事。

朱紈於嘉靖二十六年（一五四七）擔任浙江巡撫負責討倭後，日夜練兵，以破倭寇，並薦大猷爲備倭都指揮。惟兩廣總督歐陽必進以欽、廉危急，奏留大猷在廣東。五月，大猷督領海兵，在元鍾蒲澳，戰擒海寇賊首康老等大小船七十艘，生擒八十名，攻沉下水五百餘名。七月，巡按福建御史金城，委其統率陸兵，戰擒流賊雷士賢等五十餘名。十一月，朱紈使其統率、指揮陸兵擒滅流賊湯信四等一百七十名。由於大猷鎮守汀、漳戰績輝煌，經朱紈、虞東崖、侍御史趙和庵等人之舉薦，於十二月陞爲廣東都指揮使司添註軍政簽書署都指揮僉事。

且說嘉靖二十六年頃在各地蠢動的倭寇，至三十二年又開始寇掠中國大陸沿岸，於本年首次至舟山群島之普陀山結砦，有時出擊官軍，犯溫州。二月，參將湯克寬等帥舟師擊破之。此寇乘風浪率舟伺隙衝浙江，連艦數百，蔽海而至。致浙東西，江南北，濱海數千里，同時告警，破昌國衛。

鄭若曾《江南經略》云：

嘉靖三十年（一五五一）二月，賊分掠（江陰）縣境。三月，知縣錢錞出禦于石幢，身被一矢。又禦之華墅，斬賊首九級。賊懼，乃合常熟倭賊一千五百餘人，攻圍縣之東門，屠戮甚慘，塡濠直逼城下。

此言兵備副使斥堅壁固守之議出城作戰。然鄭若曾《籌海圖編》卷六〈直隸倭變紀〉之同一記事，繫於嘉靖三十五年（一五五六）三月條，《大清一統志》卷八六〈常州府多宦〉，則以爲此事發生於三十三年，作「搏戰於斜橋」，戰死則爲三十四年「提狼兵戰九里山」之時。然當地的《江陰縣志》未記此事，故無從知其正確時間。

如據《日本一鑑》〈窮河話海〉卷六「海市」、「流逋」等條所記，則嘉靖二十九年誘倭來泊大衢山的陳思盼，「名雖稱商，入劫洋子江矣」！然陳思盼只劫揚子江——長江之船而已。三十年，王直殺陳思盼，捕龔十八。而「流逋」條記：「於是龔十八亦誘倭寇直、浙海邊」。「海市」條則記：「惟龔十八，王直縱之，使同海市」。故其所寇者僅爲海邊。徐海亦同，而以瀝港爲根據地，掠海上，所以《江南經略》的記事，可能將年分弄錯。

前此嘉靖二十六年至二十八年，朱紈巡視浙福，日夜練兵，以破倭寇，並囑大猷爲備倭都指揮。兩廣總督歐陽必進以欽、廉危急，奏留大猷在廣東，大猷卒不能回閩。至三十一年（一五五二）十月，始移大猷分守浙江，參贊王忬戎機。大猷在海南島聞命，即時回閩，且制訂樓船戰策禦倭。王忬善之，大調福建舟師，並徵狼、土諸兵，及募溫、台等處少壯，分隸諸將，配置瀕海各要衝，嚴督防禦。四庫全書本《浙江通志》卷一四八〈名宦〉三「兪大猷」條云：

……嘉靖三十一年，倭寇浙直，都御史王忬以大猷爲浙江左參將。時汘（王）直亡命入海，爲倭嚮導，忬議招撫之。大猷言：「招撫之法，必大兵壓前。賊力不支，輸款求降，許以自新。若有不悛，生死在我，徒曰招之，權乃在賊，請用樓船破之」。遂與參將湯克寬入海擊直，敗之。大猷議逐倭，謂當用樓船入海與戰。又，「倭劫海岸，其患小；倭入河港，其患大。浙西川河互錯，溝港穿貫，難以陸戰。莫若先防河港之入，一入河港，我整搠河船周防戰備，撤斷津梁，使無所渡。徐進逼之，待其可戰，一鼓乘之。更行調海船堅守海港，使不得遁」。忬用其計，數以樓船破倭，而整搠河船之議不行。

亦即王忬採大猷之計，擊敗了不少倭賊。

關於渠魁王直入寇問題，《明史》卷三二二〈日本傳〉云：

三十二年（一五五三）三月，汪（王）直勾諸倭，大舉入寇，連艦數百，蔽海而至。浙東西，江南北，濱海數千里，同時告警。破昌國衛。

關於王直來寇之此一記載，《明世宗實錄》的記載是：

海賊汪（王）直，糾漳、廣群盜，勾集各梟（島）倭夷，大舉入寇。連艦數百，蔽海而致（至）。南自台、寧、嘉、湖，以及蘇、松，至于淮北，濱海數千里，同時告警。（註五〇）

如據光緒《川沙廳志》卷六〈兵防〉「兵事」，及嘉慶《松江府志》卷三五〈武備志〉「兵事」等的記載，則「賊寇青村所焦墩，遂掠下沙，百戶王河率隊長陳九等戰死」。鄭若曾《籌海圖編》卷六〈直隸倭變紀〉則以為此係「閏三月，賊首王直犯嘉定」，言：

賊自烈（瀝）港之敗，以百餘人自白馬廟而來，收集餘黨，流突蘇、松，掠嘉定之寶山。鎮撫陳憲疑為鹽盜，率輕兵追之。後知為直，不敢襲。

可是王直之敗於瀝港的時間在四月，故上舉史料，該是將利用王直之聲威者誤作如是之記載。（註五一）

嘉靖三十三年（一五五四），新倭復犯江北，漂入青、徐，山東大震。又回竄浙江，而王忬不能敉平。明廷乃於五月十八日命王忬改撫大同，以南京兵部尚書張經總督浙福南畿軍務。（註五二）大猷自四月初一日，驅馳戎事，凡兩月，與敵前後大小一十八戰，生擒、斬首與溺死敵人二千餘人，未嘗有一挫衄。張經乃薦大猷爲浙直總兵官。十月，陞大猷提督直隸（今江蘇南京、金山等處地方）海防總兵官，接替湯克寬。張經調楚、粵兵使其將之，通力剿倭。（註五三）

嘉靖三十四年（一五五五），大猷在金山，所將士卒不滿三百人。時總督張經所徵諸道兵未集，倭賊二萬來犯金山。衆寡懸殊，大猷與戰失利，賊勢更張。張經預計必得勝兵三萬，乃有以破之。

三月，總督張經所調集之瓦氏等客軍（註五四）先後抵達。而新場、下沙及閘港、川沙之賊攻上海；屯據柘林之賊亦一再攻金山，但張經不輕易出師。《金山倭變小誌》所謂：

> 三十四年乙卯，三月辛丑，總督張經以田州瓦氏兵，屬總兵俞大猷守金山。

即相當於此。采九德《倭變事略》言瓦氏兵云：

> 三月十二日，廣西田村瓦氏兵，既白都閫，湯、盧二總戎，羅、任二兵憲，丁、欒二總戎兵入城，以吾（海）鹽爲吉方，往鎮一帶沿海要地，兵號二十四萬。屯金山，擣賊巢。賊聞之，懼，退保柘林，堅壁不敢出。瓦氏，土司岑彭妾也。以婦人將兵，頗有紀律，秋毫無犯。

「兵號二十四萬」固爲誇大之辭，但於賊之四周配置官兵，則是事實。

四月二十一日，賊分一枝，約二、三千，南至金山。白都司率兵迎擊。白被圍數重。瓦氏奮勇獨援，縱馬衝擊破重圍，白乃得脫。（註五五）二十三日，賊自金山戰後，歷乍浦，次海鹽，至礀頭門閘澉浦火砲連聲不絕，復轉由海鹽城西官塘，抵璵城。（註五六）《倭變事略》對此賊之往後行動雖有所記錄，但最能把握其攻防情勢及勝利意味者，則是《明世宗實錄》卷四二二同年五月甲午朔條所記：

柘林倭合新倭四千餘人，突犯嘉興。總督強（張）經，分遣參將盧鏜等督狼土等兵水陸擊之。保靖宣慰使彭藎臣，與賊遇于石塘灣，大戰，敗之。賊遂北走平望。副總兵俞大猷，以永順宣慰司官舍彭翼南兵邀擊之，賊奔回王江涇。保靖兵復擊急（急擊）其後，賊之（遂）大潰。諸軍共擒斬首功，凡一千九百八十人有奇，溺水及走死者甚眾。餘賊不及數百，奔歸柘林。自有倭患以來，東南用兵，未有得志者，此其第一切（功）云。

此一戰役，謂之王江涇大捷，但此戰功不僅爲當時在江南督察軍情的工部右侍郎趙文華所掩，張經還被誣縱賊，謂倭敗係浙兵投毒致死。且言經「畏巽失機，玩寇殃民」。世宗大怒，遣官校逮經，及參將湯克寬。文華彈劾張經、湯克寬的原因，原爲細小的私人感情。文華既至嘉興，屢促張經亟檄狼兵剿賊。經言：「賊狡且衆，今檄召四方兵，獨狼兵先至而已。此兵勇進而易潰，萬一失利則駭遠近。姑候保靖、永順兵至，分力夾攻，庶萬萬全」，而經愼重其事，不聽。（註五七）浙江巡撫李天寵，亦因平日不取寵文華而受牽連。文華之所以敢如此，乃因恃嚴嵩在中央可爲其內援。結果，張經、李天寵被處死。湯克寬雖曾一度被問死，但於入獄許久後被釋，在討倭時立功而獲賜世廕。（註五八）前文已說，大猷曾論柘林用兵十難，人持以示次相徐階；徐階以示嚴嵩。嚴嵩惡大猷之不先關白自己，而以先關白徐階，遂記恨在心。趙文華爲嚴嵩義子，視師江南，實欲殺大猷快嚴嵩。至此，遂掩其大功，故大猷非但未獲應有之獎賞，反而坐金山失律之罪。

張經論死，大猷落職，督撫諸公，人人自危。不旋踵倭來如飛蓬紛絮，所在皆是。東扑西烈，水陸戰敗，當事者爭以其罪委大猷。大猷落職，而東南倭禍日亟。八月，巡撫曹邦輔又劾大猷縱賊。世宗怒，奪其世廕，責死罪。詔：「立功自贖」。（註五九）張經失位後由巡撫蘇松右僉都御史周琉為兵部右侍郎代之。然周琉在剿倭工作上既無值得一提之表現，當時的浙江巡撫胡宗憲又覬覦此一職位，故其同黨趙文華乃推薦胡宗憲，周琉則被勒為民。周琉之在位，前後僅三十四日而已，惟宗憲並未達到目的。周琉被黜以後，由南京戶部右侍郎楊宜擔任總督。楊宜擔任此一職務時，賊勢已蔓延，江、浙無不被蹂躪。新到之倭益衆，益肆毒。

《明世宗實錄》記趙文華於嘉靖三十五年正月入京，言倭寇所剩無幾，且極力毀謗總督楊宜。及御史邵惟中奏浙江剿倭失敗情形，巡按御史周如斗以此敗彈劾楊宜與曹邦輔，乃革宜職，令其回籍閒住，邦輔謫戍朔州。趙文華與嚴嵩欲以胡宗憲代楊宜，（註六〇）吏部尚書李默獨推用兵部侍郎王誥。故趙文華乃言李默與張經同鄉而欲謀報復，且又言李默誹謗，李默遂為所陷而瘐死獄中。（註六一）於是胡宗憲為兵部侍郎，兼總督職務，張景賢代曹邦輔為蘇松巡撫，阮鶚接胡宗憲職為浙江巡撫。（註六二）

大猷雖坐金山失律落職，但廊廟諸公多上〈疏〉言東南之禍，非大猷無以已之者。三月，罷劉遠，以大猷代遠鎮守浙直總兵官。大猷艱難從事，仍能以少勝多。四月，倭犯西庵、沈莊及清水窪，大猷偕僉事董邦政擊敗之於寶山。浙西倭靖，詔還大猷世廕。

當此之時，舟山群島之倭，仍負險肆虐，官軍環攻不克。大猷佯不戰，暗中授策給裨將張四維，利用黑夜縱火襲之。新倭入沈家門，與大猷水兵相遇，戰於小姑渡，先後斬獲數千級。當時土兵、狼兵均已遠歸，而川貴新調麻寮、大利、鎮溪、桑植兵六千適至，由大猷統領。大猷乘大雪環攻之，諸軍競進，以簑捲火焚其柵。賊多死，逸出者復殪。

另一方面，曾出家於浙江虎跑寺的明山和尚——徐海帥夷酋新五郎，以大小船千餘，於本年欲寇掠浙江沿海州縣，中途遇惡風，返其本國薩摩者不少。（註六三）但以徐海爲首之賊二萬餘，於三月下旬抵大陸。（註六四）在此一時期寇掠大陸沿岸者，雖未必俱爲徐海之徒黨，然如披閱《明世宗實錄》，自可知徐海爲其主力。有關徐海與其同夥被浙江總督胡宗憲用計消滅的經緯，詳於《倭變事略》。（註六五）由於大猷亦曾參與平徐海之役，故因功陞署都督僉事，仍舊鎮守地方。

當翻閱《明史》〈日本傳〉嘉靖三十六年（一五五七）之記事時，可發現其大部分爲有關招撫渠魁王直者。王直出身安徽歙縣，其由一介鹽商成爲渠魁的經緯，可參看《籌海圖編》卷八〈寇踪分合始末圖譜〉、《倭變事略》卷四嘉靖三十六年條，及拙著《明代中日關係研究》頁四二八～四四八。由於王直勢力龐大，貽患沿海，故胡宗憲遣寧波諸生蔣洲、陳可願赴日招撫，欲與倭通市。獨大猷上〈揭帖〉二十首於宗憲，力言倭寇可滅，王直可誅。今誠大治戰艦，賊來則擊，賊去則追，行之數年，可復治安之舊；若與之通市，東南之禍，無已期矣。（註六六）

大猷雖上〈揭帖〉言王直不可招，但胡宗憲不聽，仍使蔣洲、陳可願赴日招之。招撫王直的過程經一波三折，終於使他返國，並將其監禁於浙江按察司獄。王直在獄中幾二年。嘉靖三十八年（一五五九）十二月二十五日，經兵部與三法司合議，將他斬於杭州官巷口。各人犯之妻子七名，則沒入成國公家爲奴，財產亦由官府沒入。（註六七）

王直伏誅後，其黨毛海峰復糾倭犯浙海，列柵舟山，阻岑港而守，官軍四面圍之，屢有斬獲。海中數苦濃霧，賊憑高死鬪，先登者多陷沒。嘉靖三十七年（一五五八）四月，新倭犯台、溫諸州，及樂清、臨海、象山等縣。（註六八）六月，浙西倭寇分掠樂清、永嘉等縣。金盤衛指揮劉茂、朱廷鑰，千戶周賓、李爵、劉源等，率衆禦之於白塘港，兵敗，俱戰死。賊遂掠管頭、蒲州等處。鄉官致仕僉事王德，督所集義兵哨剿之，至龍灣見殺。此寇乃屯岑港之王直餘黨。因此寇未平，詔奪總兵俞大猷，參將戚繼光，把總劉英職級，期一月內蕩平，如過限無功，各逮繫至京問；並奪兵備副使陳元珂、曹金俸；令侍郎胡宗憲督之剿賊，若失事者連坐。（註六九）大猷等懼，攻賊益力。

八月，岑港倭徙巢柯梅，（註七〇）胡宗憲任其離去，不予追擊。（註七一）十一月，柯梅倭駕舟出海。大猷等自沈家門引舟師橫擊，沉其末艘，稍有斬獲。餘賊三千，以舟趨洋南去，至泉州與去歲倭合踪，於是福建與湖廣間，紛紛以寇警聞矣。（註七二）閩人大譟，言胡宗憲嫁禍於閩。御史李瑚劾胡宗憲三大罪。李瑚與大猷俱福建人，胡宗憲疑大猷漏言，故將罪委諸大猷以自解。大猷素不依附權奸，嚴嵩父子銜之，乃授意於胡宗憲。因之，胡宗憲上言：「舟山殘孽，移住柯梅，即焚其巢夜遁，力已窮蹙，勢成易擒，而總兵俞大猷，參將黎鵬舉，故違節制，不追倭賊，縱之南奔，播害閩廣，宜加重治」。世宗怒，再奪大猷世廕。四月，命逮大猷、鵬舉至京，赴詔獄訊治。士民、軍校、工旅聞訊，奔走驚呼，市陌、村落、海嶠之間，嗟歎之聲相聞。（註七三）

大猷進城後，青衣布襪，加帕於帽，繫裙於衣，步行至都察院行臺報到，著即去會省聽候。於是叩頭越出，一艇西矣。士夫富人，爭致餽贈，至都下盈數千金。錦衣衛都督陸炳，與大猷友善，密餽三千金於嵩子世蕃，爲大猷求貸。朝廷諸公亦都營救，故大猷得偃息獄中，晨夕安寢云。（註七四）嘉靖三十九年二月，大猷無罪開釋，令立功塞上。

嘉靖四十年（一五六一），大猷在雲中。四月，嶺南張璉反。福建提督劉帶川請移大猷爲南贛參將。七月，詔移大猷爲南贛參將，合閩廣之兵討之。四十一年，張璉既平，大猷散璉黨二萬，不戮一人。世宗聞之甚喜，賜白金、璽書，陞副總兵官，加節鉞。並命其控制江、湖、閩、廣四道兵馬，協守南贛、汀、漳、惠、潮諸郡。由於當時福建倭患甚急，故巡撫游震得請以大猷控制全閩。朝命未至，而興化城已於十一月陷賊手。（註七五）賊在城中三閱月，殺戮、焚燬甚慘。巡撫游震得急以狀聞，請調義烏兵使戚繼光統之，起丁憂參政譚綸，與都督劉顯、總兵俞大猷協力共濟而獲世宗之同意。

嘉靖四十二年（一五六三）二月朔，大猷陞爲署都督僉事，鎮守南贛、惠、潮等地方伸威營總兵官。大猷接邸報，自贛晝夜兼程馳至平海，駐軍於秀山。都督劉顯，駐明山，距賊營三四里；都督戚繼光，提浙兵未至。大猷度以初至，兵疲力弱，主張暫時按兵不動。巡撫游震得以崎頭一役失利被罷；

朝命以譚綸代游震得。譚綸聽從大猷不速戰之議。既而戚繼光亦至，譚綸命戚繼光率中軍，劉顯將左軍，大猷統右軍，約定於四月十九日會師，明日以三大將分道並進，合攻倭賊於平海，繼光先登，左右繼之。賊騎馬躍走者，盡陷溝中，無一漏網；斬首二千三百級，放還被倭所擄男婦三千人。捷報至京師，譚綸陞副都御史，戚繼光進都督同知，劉顯加秩廕一子，大猷則賞金幣而已。（註七六）是年十月，大猷徙鎮南贛。

嘉靖四十三年（一五六四），倭寇兩萬，與大盜吳平相爲犄角在漳、潮等地橫行已五六年，而閩中新倭絡繹南下，明廷乃命江、廣、閩三鎮撫偕大猷討平之。正月上旬，詔人猷自南贛移鎮潮州。大猷回師福建，以威名懾群盜。事平，大猷回惠州。

吳平初降，未幾復叛。四十四年（一五六五）秋，吳平自南澳入犯福建，把總朱璣等戰歿於海中。詔必欲得平。大猷率水師，繼光將陸兵，夾擊吳平於南澳，大破之。吳平僅以身免，奔據饒平鳳凰山。戚繼光遊南澳。（註七七）大猷乃作前後會剿議，約閩、廣兩省水陸官兵剋期會剿。然而廣東舟兵久無一至，竟不得吳平而閩師又急於速戰，吳平遂掠民舟逃出潮州。大猷部將湯克寬、李超躡其後，繼續追擊，吳平遂遠遁安南，後爲明軍追及、殲滅。閩廣巡按御史反而交章彈劾大猷縱賊，致大猷坐奪職免官之處分。（註七八）

嘉靖四十五年（一五六六），值河源、翁源賊李某等猖獗，兩廣總督吳桂芳自湖請於朝，以十萬之師，興二源戰役，分兵五道，各以臬憲統之，而屬大猷總董其事。事平，自賊巢中放還歷年被賊所

擄男婦八萬餘人。大猷因功得以恢復去年被奪官職。(註七九)

由上述可知，大猷在剿倭戰役中雖屢有赫赫武功，卻往往爲人所搆陷，致不但未能獲得應有之獎賞，反而以莫須有之罪名再三受到懲處。大猷的這種遭遇，雖較張經、李天寵等督撫好些，然與戚繼光、殷正茂等人較之，其生平所遭遇的種種挫折，實難免令人歎息。

四、靖倭策略

前文已說，因大猷經略瓊、黎，行善後策而奏其功，所以撫巡諸公交章論薦其可大用。嘉靖三十一年(一五五二)壬子，寇亂猖獗，渠魁王直、徐海、陳東、麻葉輩，悉逸海島爲主謀；倭聽指揮，大舉入寇。海中巨盜，遂襲倭服飾、旂號，並分艘掠內地，無不大利，故倭患日劇，於是廷議復設自朱紈失位後停設之浙江巡撫。同年七月，以僉都御史王忬提督浙福軍務，巡視浙江海道及福建之福、興、泉、漳地方。(註八〇)王忬當時巡撫山東，聞命即日至浙江；度所治軍府皆草創，而浙人又柔弱不能擔任戰事；更因所受簡書輕，不足以督帥吏士，乃上〈疏〉請假事權，誅賞得便宜。且欲嚴內應之律，寬損傷之條，剿撫勿拘。世宗從之，乃改巡視爲巡撫。同年十月，詔移大猷分守浙江寧、紹、溫、台等處左參將都指揮僉事，參贊王忬戎機。王忬即遣使馳往瓊州，促其返閩，並引湯克寬、鄧城爲心膂。大猷聞命，即時起程返閩，(註八一)圖上方略，上十二〈揭帖〉於王忬，其一曰：

今之論海寇者，謂備之於山使不登岸是也，豈知海岸遼遠，到處受敵之村；海濤汪洋，何澳非入寇之路？我備東，彼忽然而擊西；我備南，彼忽然而擊北。彼由船馳擊，其氣逸；我由陸奔，備其氣勞，不勝其備，將不勝其擊矣。善禦海寇者，船隻、器械無一不備。兵長兵夫，皆素練習，勝算定於未戰之先，使聞風而不敢至耳。是何也？蓋海上之戰無他術，大船勝小船，大銃勝小銃，多船勝寡船，多銃勝寡銃而已。大船出於福建之福清縣，中小哨船出於福建之龍溪等縣，元鍾等所，銃則責令船主多稅備用，官府給與稅銀爾。海戰兵夫則龍溪縣之月港、嵩嶼、長嶼、林尾、沙反等澳之人皆可募也。欲調募之，必差福建永寧衛指揮張文昊，泉州衛百戶鄧城，至彼先募的當兵長若干人，然後令各兵長每人各募兵夫五十人。此二官者平昔督兵在海捕賊，慣知水戰，所募兵長，必得其人。兵長得人，則所募皆強兵也。船必雇募而不必官府打造者，卑職自有知識以來，每見官府所造船隻，或費銀數千兩或數百兩，曾無一隻得用，蓋官府委人造船，就與委人蓋公廨一同也，公廨之屋，安有如民間之屋堅固乎？此打造之必不能如法也。造成之後撥兵看守，一月之間一次燒洗，略有損壞，即當修葺，軍兵豈肯視官船爲己物，時時愛護之乎？此造成之船，皆不及一年，遂沉水莫用也。（註八一）

亦即大猷於接受新職後，立刻返回福建，向王忬上〈揭帖〉，建議由福建永寧衛指揮張文昊，泉州衛百戶鄧城負責募兵，並議以雇募之福建樓船擊倭；並且認爲：「爲攻賊長技，當以福建樓船破之，則蝘蜓之醜不足平，而蒼沙諸船非足恃也」。（註八二）

大猷認爲倭奴驕悍，制勝之方，重在練兵，曰：

倭奴驕悍，我兵凡陸戰，皆不得利，則將如何？曰：「有兵不練，與無兵同，精兵不練，與弱兵同，練兵不熟，與不練同。驅不練之兵，以與賊從事，則萬戰而萬北，豈待戰之日而後知？彼之設伏，乃天下爲賊者之常套，彼以短刀接戰，實非鎗牌之敵，而謂陸戰之必不能勝者，職至今猶未信也，而每每爲其所勝者，我非素練之兵耳。（註八四）

大猷又向王忬提出〈議兩浙水陸兵事〉，詳論杭州、紹興、嘉興等地，應配備多少陸兵，浙東、浙西宜添制大船，分布各港澳島嶼。王忬用其計，於是在松門、普陀、昌國、臨山諸處戰役，連戰皆捷。自此以後，浙直海洋千里，無不以樓船取勝，俘馘無慮數萬。其後倭寇遠遁閩海，兩浙粗安，實始於大猷樓船戰策之功。（註八五）

嘉靖三十二年（一五五三），渠魁王直勾諸倭大舉入寇，連艦數百，蔽海而至。浙東、西，江南、北，濱海數千里，同時告警。破昌國衛。四月，犯太倉，破上海縣，掠江陰，攻乍浦。八月，劫金山衛，犯崇明及常熟、嘉定。（註八六）大猷爲鞏固防務，乃上〈呈浙福軍門及泉李公揭〉三首，其一曰：

昨晚至軍門外，承發下傳報松江賊勢牌面。竊意進見之際，必蒙詢及徵兵戰守之略。及承鈞諭，又謂各事俱付布政司議報，竊以爲左也。兵、戶二部之諭，於今日之事實大相類，耕當問奴，織當問婢，事有專責，然後可以濟天下之難。職竊謂今日地方之計，所急在於增兵而不在於減兵，談減兵於增兵之日則惑矣。所切在於用財而不在於省財，談省財於用財之日則迂矣。所先在於備造軍器，修理船隻，槓棋面以推托情億（臆）度之，必至於臨時大誤也。夫徵兵於天下而人人皆精勇，誰不欲如是而必不可得其勢，必至於濫徵，或於二中得一，十中得五，而精勇之兵不可勝用也。天下古今，孰有徵到四方之兵，悉皆精勇者哉！用財以濟難而一切皆當，誰不欲如是而必不可得其勢，必至於濫費，或於二分之中一得其宜，亦可謂會計之當而地方有賴也，古今孰有濟變用財悉皆切當者哉！今各港船隻，槓棋器械，委欠修整，而鱉子門各船為尤甚爾，乞速行查，及時修造，誠今日之急務也。（註八七）

大猷又進議整頓搠河船曰：

蘇、松、嘉、杭、湖內地，水港交錯，委以多造戰船以禦倭寇。見今蘇、松二府，已蒙軍門周允行多方設法成造，如已完備，即可防守，而嘉、杭、湖地方，事屬一體，伏乞軍門獨斷嚴行各府，及時差人前來，會式各造百隻，以備賊人由水港以內侵。凡調到各處陸兵，盡數發屯乍浦等，所以防賊人由海塘以入杭（州）城，今日制禦倭奴之急務也。（註八八）

那麼，搠河船之型式及其配備如何？如據大猷所說則是：

此方船式有二：其一雙塔用櫓，其一鷹船用槳。誠恐各府、縣修造不得如法，無益實用。……戰船制勝，全在器械，每船合用佛郎機該六架，標鎗二百枝，竹鎗二十枝，木鎗十五枝，鑼一面，鼓一面，小旗五，而火藥三十斤，噴筒十枝，煙罐十個，竹篙八枝，鉛彈十斤，三爪鉤三枝，鋸一張，斧一柄，鑿一把，鑽一把。（註八九）

而此項兵船必以福建蒼山、下八山之兵方能駕駛，故仍募土兵相兼教閱日久，鄉兵閑習，然後不用客兵，所以不可輕易驅之陸戰，徒致損傷。（註九〇）

如據《正氣堂集》卷五〈論河船式〉篇首李杜之「按語」，大猷「所整搠河船，最便於江南浙西，故屢以爲請，當時用於蘇、松迎賊之來，尾賊之去，多所成功，而六金壩之捷，殺賊三百八十級，其功尤奇」云。

嘉靖三十三年（一五五四），倭寇浙江及江北，王忬改巡撫大同，以李天寵代忬提督浙福軍務，以張經總督浙福南畿軍務。陞大猷提督直隸金山等處地方海防副總兵官，通力剿倭。大猷自四月初一日驅馳戎事，至六月，「與賊親角前後一十八戰，生擒、斬首及溺水死者約二千餘人。」（註九一）當此之時，大猷修〈與王濱湖書〉，亟言「閩中山寇出沒不常，山中縣治多無城池，泉州之永春、德化、安溪三縣，孤懸萬山之中，築城爲衛，又其最急。近聞建議築造，未見決意舉行，蓋有待於今日」（註九二），而建議速建泉州府所屬三縣之城池，但不爲王濱湖所重視。結果，永春、安溪兩縣在兩年後爲倭所陷，盡成邱墟；唯獨德化縣官，自築一城，人民安堵如故。（註九三）

十月，大猷陞爲提督直隸金山等處地方海防總兵官，接替湯克寬。大猷前往金山後，疏請大舉滅倭謂：分設正兵、多設遊兵爲正兵之輔、間用鄉兵，議設將領、訓練陸兵、糧餉及時、訪薦異才、處漁船等八事，皆爲東南最急之務，行之不可少緩。且謂：

臣願身任以俟其成者，倘言不以人廢，乞下兵部復議，果不爲迂疏之談，亟行督撫諸臣，及時務舉。一二年間，生民水火之患，不能漸息，東南財富之供，不能如常，留都根本之地，不能奠安，臣甘萬死無辭也。若日復一日，亦復如是，徒爲苟且支撐之計，不務遠大長久之規，則東南地方，臣實不知所終，臣之一身何足恤也。（註九四）

然此建議並未獲重視。嘉靖三十四年（一五五五），總督張經，以大猷諳曉備倭事宜，著即條議，以憑採擇施行。大猷即呈〈條議防倭事宜〉、〈論浙直海澳風候水勢〉、〈議南直隸宜增兵〉、〈論李海道受誣〉、〈論鄧城可將〉、〈論金山南滙青村宜增兵〉、〈論宜整搠河船〉、〈論宜堅固內防〉、〈論兵威振不可輕動〉、〈論泖湖寬廣可以展布兵船〉等十揭，備陳防倭策略。（註九五）張經用大猷策略，在王江涇、六金壩之役獲大捷，被譽爲「自有倭患以來，東南用兵未有得志者，此其第一功云。」（註九六）然而張經、大猷之功，竟爲當時至江南督察軍情之工部右侍郎趙文華所掩、攘取，及被劾故意縱賊，致張經被論死，大猷坐金山失律，謫爲充事官。

嘉靖三十五年（一五五六）三月，大猷代劉遠爲浙直總兵官後，即上書總督周琉，論議整用河船，言顧此地方地形異於浙東，制勝之形，在於整用河船器械；不應張總督之調，並言速修河港戰船器械，召募閩廣精兵二三千以當前鋒；用鄉兵數千以守沿海孤城，使蘇松內地，賊不敢犯。更請多備兵銃，遇賊可戰而勝之，蘇松地方決可高枕而臥；惟佛郎機砲宜多預造，閩廣之兵，宜調以備後著。（註九七）

大猷又呈總督楊宜〈揭〉二首，謂應審知海勢，不以風水疎虞罪責相關人員，如此則可弭此方倭寇之患。至於水陸戰備事宜，則倭奴長於陸戰，別兵皆非其敵，必欲一鼓之下，使其授首無遺，委非湖廣土兵不可，而士兵之用，又當辨其主客之勢，知其地形生熟之分，則勝算便常爲我所掌握。（註九八）大猷雖獻良策，無如其上司仍以戰費爲惜，以浪戰爲快，不求戡亂定禍之術，而出支東補西之策，致賊勢雖日加，而兵寡如故。雖然如此，大猷艱難從事，仍能以少勝多。（註九九）

嘉靖三十六年（一五五七），倭寇頭目王直、毛烈（毛海峰。王激）、葉宗滿，同夷商千餘人泊舟山之岑港，毛烈自詣軍門，乞降求市。浙江總督胡宗憲以聞。兵部言：「直等本編民，既稱效順，即當釋兵。乃絕不言及，第求開市通貢，隱若屬國然，其奸叵策。宜令督臣振揚國威，嚴加備禦。移檄直等，俾剿除舟山諸賊以自明。果海疆廓清，自有恩賞。」（註一〇〇）且說王直踞海島時，與其黨羽王激、葉宗滿、謝和、王清溪等，各挾倭寇爲雄。明廷至懸伯爵、萬金之賞以購之，迄不能致。當此之時，內地官軍已頗有備，故倭雖橫蠻，亦多被剿戮，有全島無一人歸者，往往怨王直，王直漸不自安。胡宗憲與王直同爲安徽歙縣人，故乃館直母與其妻孥於杭州，遣蔣洲齎其家書招之。王直知家屬平安無事，頗心動，於本年十月初，抵岑港。（註一〇一）兵部郎中唐順之，爲王直之通貢互市事請於朝。獨大猷力言不可，言太祖、太宗朝，知倭人終爲後患，故拒其貢獻，嚴其通舶。如今來寇，是通之之罪，非絕之之過。所以如今應大治戰艦，賊來則擊，賊去則追，行之數年，便可復治安之舊，若復與之通市，則東南沿海州縣之禍，無已期矣。更進而議計縛王直，謂賊據岑港，實有負隅之勢，應一面攻擊，一面言誘，一面令當時至舟山之夷使德陽輩寫字與各倭，轉達我官兵只欲得一王直，許其綁解，即釋其他，或可濟也。又指出直黨毛、葉二人，不宜久留寧波，且置應發兵船泊馬墓港，益加防戳。（註一〇二）然胡宗憲不從大猷意見，決計招直。經一波三折後，王直終於自詣軍門聽撫，且言自效狀。大猷盛陳兵威，欲出擊之。宗憲遂檄大猷曰：「敢與盧（鏜）帥爭功，論死」！大猷乃止。（註一〇三）

嘉靖三十九年（一五六〇），兵部尚書楊虞波，命大猷備開練兵事宜。大猷報之曰：

今南倭□□（北虜），時肆跳梁，論防禦之方，孰不曰在於選將練兵？其實亦不外此二者。至於必如何選而後得眞將，如何練而後得精兵，則未有論之眞切者也。……「兵有所謂一人敵者，有所謂萬人敵者，大將之學，宜在於萬人敵，一人之敵，其不宜學乎」？對曰：「兵之精否，其機實繫乎此。大丈夫出，當天下事，志能矢效公忠，而臨事施謀，貴於有成，才可運量宇宙，而下手功夫，宜在切實。一人之敵，在將不宜學，在兵不宜不學。兵既不宜不學，爲將者苟未之學，則天下技藝之師，皆得以虛文之套欺之，而我兵之習於藝者，亦惟以虛文之套爲尚，故終年練習而竟無精兵，無怪也」。……「教兵之法，練膽爲先，練膽之法，習藝爲先。藝精則膽壯，膽壯則兵強」。（註一〇四）

大猷又上鎭兵車操法於李文進，曰：

兵法謂車勝馬，馬勝步。蓋步兵技專擊刺，而馬有踐蹂之勢，故步不如馬。車則能禦馬之踐蹂，而中又有銃砲之雄器。擊刺之精兵，追逐之馬兵，是一車兼乎馬步之長，非馬之所能敵也。（註

一〇五）

而詳開制獨輪戰車與雙輪戰車格式和圖樣，及訓練戰車官兵方法，極爲周詳嚴整；進而中論寇利在衝突，若造獨輪戰車拒敵馬，其制以獨木爲輪，以人推挽，可以上下山塹，指揮如意，而無壅滯之累。然後翼以步卒，伍以遊騎；置強弩神銃，可以擊堅及遠，蔽以□□龍盾，而虜之弓矢不能及也。蓋以馬隆之戰車，兼李陵之步卒，而參以衛青之縱騎，最爲獨筭。李文進採其議，且以其制請於朝。（註一〇六）京師置兵車營，實自大猷之建議始。

嘉靖四十二年（一五六三），大猷陞署都督僉事，鎮守福建南贛惠潮等處地方伸威營總兵官。二月初一日，大猷接邸報，自贛晝夜兼程馳至仙遊之平海。當時，都督劉顯駐明山，距賊營三四里；戚繼光奉召提浙兵未至。大猷乃按兵不動，移檄給繼光，請他火速領兵至。

由於當時福建興化城正爲倭所佔據，故大猷乃作滅興化倭之計畫，言：今倭賊且萬餘人，作殊死鬥；官兵之數，僅與賊相當，約定日期列陣以合戰，勝負之機只有一半。如迫城攻敵，則彼實我虛，彼飽我饑，彼逸我勞，萬一被其挫衄，東南大事勢將失敗。因此，我方應列營以困賊，則敵必欲攻柵逃走，如此則彼虛我實，彼勞我逸，彼饑我飽，即使有突圍逃遁者，因明山、秀山之兵，又在前攔，故可使之無孑遺。且速戰對賊有利，賊得一戰，勝亦可遁，負亦可遁；遲戰則爲我方之利，因爲兵員日益增多，防守日益堅固，而賊則日益困窘。賊以戰爲守，我以守爲攻，攻守之機，微乎微乎，至於無形。當時閩中諸當事者責戰甚急，至以逗留聞於朝，但大猷不爲所動，鑿溝壘堵塡以待。及戰，倭賊果然盡陷大猷之計。大猷曰：「我若速戰，能使一倭無逸漏邪」？（註一〇七）興化人初時雖怨劉顯按兵不動，且因而訕大猷，經此大捷，方纔折服。

嘉靖四十三年（一五六四）正月初七日，詔大猷自南贛移鎮潮州。六月間，大破倭賊於海豐，旋回師福建。然後與兩廣軍門吳桂芳書十九首，詳論當時賊勢，言閩中浙兵二萬與賊戰，賊遁入潮州。今潮州兵驅賊益急，則倭入益深，益深則益鬪，不似塞上之賊，以出邊爲生路，山賊係以歸巢爲生路，將安有所逃遁？誠當大集精兵，使其片甲不留，乃有成功。若兵力呰窳，不能取勝，又使之遁去，則遷曠日久，而糜費便愈多。吳桂芳同意其見解，遂調漳兵二萬付大猷。時倭賊分駐溭水、蘆清，相爲犄角。官軍如專攻溭水，又恐蘆清倭寇躡其後，大猷乃爲一陣以擋蘆清，更嚴軍令進攻溭水。賊閉門堅守。大猷乃引兵佯却，引賊出巢擊之。賊走復入。官兵追擊之，斬首一千四百，蘆清賊懼，窮日夜行二百里，走至九龍山。大猷令狼兵堵其前，自率參將湯克寬、王紹追及大破之，擒斬千三百級，是爲九龍山大捷。（註一〇八）

穆宗隆慶二年（一五六八），海寇曾一本犯廣州，尋犯福建，詔大猷暫時督廣東兵協助討之。（註一〇九）大猷於正月即到廣東。都督兩廣軍務張瀚，問大猷破賊計。大猷言：「賊忌聞閩兵、閩船，故當遣舟募兵於閩」。張瀚嫌其曠日費時。大猷乃作解釋曰：「孫子有言，兵以速拙，未聞久巧，苟圖欲速，不顧大計，是倖功也。夫速而徒拙，何取於速？久而能巧，何嫌於久」？張瀚未能用其計，竟大造舟楫於廣州城下。大猷乃又提出建議謂：「廣州城外即是海，不似閩港紆深，賊來倏忽，如果倏投擲一炬，將奈何」？張瀚又不以其說爲然。七月朔，曾一本果犯廣州，悉焚張瀚所造舟艦，殺掠旬日。事聞，詔切責張瀚，並奪大猷俸。張瀚悔之，復問計於大猷。大猷對曰：「計在始議」。張瀚從之，遂派參將攜款前往福建，大造舟船及募兵，終於平定巨寇曾一本。（註一一〇）其間及在那以後，大猷曾蒐集曾一本各種文件，輯成《洗海近事》上、下兩卷，編入《正氣堂餘集》。（註一一一）

由上文可知，大猷不僅是個勇敢善戰的將領，也是一位傑出的戰略家。凡經他所謀畫之戰略，用之於戰場，莫不所向無敵；間因未採其策謀者，則大都告敗而損傷非輕。可見在疆場上，事前必須要有妥善且周詳之戰略計畫，否則是難於取勝的。

五、結語

以上乃就明末靖倭名將俞大猷的傳略、靖倭事蹟，及其有關靖倭的策略作簡單的介紹，由此當可瞭解其生平之梗概。俞大猷之生平事蹟之值得論述者甚多，他不僅是馳騁沙場使敵人聞之喪膽的將軍，在戰略方面也有一般武將所不及的卓越見解，而在詩文方面也有其過人之處，故可說是一位允文允武的傑出人物。

大猷的著作被收錄於李杜所編輯《正氣堂集》十七卷、《正氣堂續集》七卷及《正氣堂餘集》四卷裏，目前能夠看到的有清道光二十一年（一八四一）歲次辛丑春三月開雕的味古書室藏板，即一九九一年一月，由廈門圖書館、集美圖書館聯合縮影膠印之板本。此板本卷首有嘉靖乙丑（嘉靖四十四年，一五六五）春三月，閩雲臺山人思責李杜之〈正氣堂集序〉，同年七月幾望賜進士出身兵部車駕清吏司郎中揭陽鄒山鄭旻〈正氣堂集序〉，及嘉靖丙寅（嘉靖四十五年，一五六六）季秋李杜撰，于山房門人姚懋校刻之〈征蠻將軍都督虛江俞公功行紀〉，可見大猷在有生之年，其作品已受重視而被刊行流傳於世。

《正氣堂集》重刊於道光二十三年，它除附前舉李杜、鄭旻之〈序〉及李杜之〈功行紀〉外，尚附有同年十二月龍溪孫雲鴻的〈重刊正氣堂集序〉，道光二十四年甲辰冬十二月閩縣林藩的〈重刊正氣堂集跋〉，及明人何喬遠《名山藏》〈俞大猷傳〉，《明史》〈俞大猷傳〉。

大猷生於外患頻仍之際，少負奇節，以古賢豪自期，常思奮不顧身以徇國家之急，惜爲權奸壓抑，故雖屢建奇功，反遭奪俸、奪官、奪蔭，身陷囹圄，幾瀕於死，故其坎坷命運，令人不勝欷歔。然難能可貴的是他平生以天下爲己任，以拯救蒼生爲職志，始終將生死置於度外，可謂忠誠許國，老而彌篤。

大猷雖於隆慶三年（一五六九）平海賊曾一本後，爲巡撫李良臣所陷，而於六年回籍，聽候別用，但當時的福建按察使，認爲大猷所建議之練兵禦倭策略可用，而且其建設東南，勳名夙著；經略桑梓，謀慮甚周，況願以身自任，及臻其成，乃著監軍速即查行，共成其美。（註一一二）

神宗萬曆四年（一五七六），大猷雖年七十餘，仍矍鑠可用，當時之兵部尚書譚綸，乃薦之爲署都督僉事起後府僉書提督京師兵車營。其友李杜雖諷其年已老邁，應該退休，卻認爲自己享國家厚祿，應再報效國家，死而後已。明年，以其故大同制車法復上於朝。當時王崇古協理戎政，請專委大猷訓練車兵。方欲推之九邊之際，譚綸辭別人寰。大猷歎曰：「無同志者矣」！遂上三〈疏〉乞歸。（註一三）八年，與世長辭。《明史》、《名山藏》、《福建通志》、《泉州府志》、《晉江縣志》均有傳，王愼中則建立「祚膚功遺愛碑」，以紀其豐功偉業。

大猷有子咨皋，字克邁，因父功，爲指揮使，治軍於海壇。後來被提拔薊門遊擊，累官至福建總兵官。

註釋：

註一：《明史》（百衲本），卷二〇五，〈朱紈傳〉。

註二：同前註。

註三：兪大猷，《正氣堂集》（廈門博物館、集美圖書館，一九九一年據清道光二十一年開雕味古堂本重印本）所錄李杜〈征蠻將軍都督虛江兪公功行紀〉。

註四：兪大猷，《正氣堂餘集》，卷一，〈飲馬長城窟〉詩有「臣十有五著青襟，十年稽古志何深」之句，故可知大猷自五歲開始讀書。

註五：何世銘，《兪大猷年譜》（泉州歷史研究會，一九八四年序刊本），卷四，〈附傳略〉。

註六：同註三。《明史》，卷二一二，〈兪大猷傳〉。

註　七：註五所舉書，卷一，正德十二年（一五一七）條。

註　八：兪大猷，《正氣堂集》，卷一，〈上僉憲伍山陳公條陳用兵二弊二便書〉云：「卑職自秀才以至於爲百戶時，每見山寇肆毒」，可見大猷在嗣百戶之前，曾考取文秀才。

註　九：同註五。

註一〇：同前註。

註一一：何世銘，《兪大猷年譜》，卷一，嘉靖二十一年（一五四二）條。

註一二：兪大猷，《正氣堂集》，卷二，〈呈福建軍門秋厓朱公揭〉。

註一三：前註所舉書，卷一六，〈懇乞天恩辨明下情將功贖罪疏〉。

註一四：《明史》〈兪大猷傳〉。

註一五：兪大猷，《正氣堂集》，卷二，〈呈兩廣軍門約庵歐陽公揭〉「論治浪治傜」。

註一六：同註一四。

註一七：《明史》，卷二一二，〈兪大猷傳〉云：「先是，安南都統使莫福海卒，子宏瀷幼，其大臣阮敬，謀立其壻莫敬典；范子儀謀立其黨莫正中，互讎殺。正中敗，挈百人來歸；子儀收殘卒遁海東。至是，妄言宏瀷死，迎正中歸立，剽掠欽、廉等州，嶺海騷動。必進檄大猷討之」。

註一八：何世銘，《兪大猷年譜》，卷一，嘉靖二十八年（一五四九）條。

註一九：同註一六。

註二〇：俞大猷，《正氣堂集》，卷二，〈論處黎長久之策〉。

註二一：同前註所舉書，卷四，〈復蕭友山侍御書〉。

註二二：《明史》，卷三二二，〈日本傳〉。

註二三：俞大猷，《正氣堂集》，卷七，〈呈總督軍門半洲張公揭〉十首。

註二四：同註二二。何世銘，《俞大猷年譜》，卷二，嘉靖三十四年（一五五五）條。參看李杜，〈征蠻將軍都督虛江俞公功行紀〉。

註二五：《明世宗實錄》（臺北，中央研究院歷史語言研究所影印本），卷四二八，嘉靖三十四年（一五五五）十一月壬辰朔丙申、辛丑、壬子、甲寅、戊午各條。

註二六：俞大猷，《正氣堂集》，卷八，〈與王東臺書〉二首之一。

註二七：前註所舉書，卷七，〈論宜整用河船〉。

註二八：前註所舉書，同卷，〈呈總督軍門在庵楊公揭〉二首之一〈論海勢宜知海防宜密〉。

註二九：《明史》〈俞大猷傳〉。

註三〇：李杜，〈征蠻將軍都督虛江俞公功行紀〉。

註三一：《明世宗實錄》，卷四六六，嘉靖三十七年（一五五八）十一月甲戌朔丙戌條。

註三二：前註所舉書，卷四七〇，嘉靖三十八年（一五五九）三月癸酉朔甲子條。

註三三：同註三〇。

註三四：同註三〇。
註三五：何世銘，《俞大猷年譜》，卷二，嘉靖四十年（一五六一）條。
註三六：地名。在湖南省鳳凰縣東北之筸子哨與乾城縣之鎮西的合稱。明置筸子坪長官司及鎮溪千戶所，以管制苗人的活動。
註三七：卷三五所舉書，卷四，上，嘉靖四十（一五六一）、四十一年條；卷二，嘉靖四十二年條。
註三八：李杜，〈征蠻將軍都督虛江俞公功行紀〉。
註三九：《明史》〈俞大猷傳〉。
註四〇：同註三八。俞大猷，《正氣堂集》，卷一五，〈與兩廣軍門自湖吳公書十九首〉之一。
註四一：同註三九。
註四二：同註三九。
註四三：《明史》〈穆宗本紀〉、〈日本傳〉。
註四四：俞大猷，《正氣堂餘集》〈洗海近事〉。
註四五：俞大猷，《正氣堂集》，卷一六，〈征剿古田事略〉、〈報捷題本〉。
註四六：何世銘，《俞大猷年譜》，卷三，隆慶六年（一五七二）條。《明史》〈俞大猷傳〉。
註四七：同前註。
註四八：《明史》〈俞大猷傳〉。

註四九：李杜，〈征蠻將軍都督虛江俞公功行紀〉。

註五〇：《明世宗實錄》，卷三六九，嘉靖三十二年（一五五三）閏三月丁未朔甲戌條。

註五一：鄭樑生，《明代中日關係研究》（臺北，文史哲出版社，民國七十四年三月），頁三五五。

註五二：《明世宗實錄》，卷四一〇，嘉靖三十三年（一五五四）五月庚子朔丁巳條。

註五三：《浙江通志》（四庫全書本），卷一四八，〈名宦〉，三，「俞大猷」條。《江南通志》（四庫全書本），卷一九九，〈雜類志〉，「平倭寇」，嘉靖三十三年（一五五四）條。

註五四：有關張經徵調客兵事，請參看《徐文貞公文集》（明經世文編），卷二，〈復張半洲（經）總督〉；夏燮，《明通鑑》（上海古籍出版社本），卷六一，〈紀〉，六一，世宗嘉靖三十四年（一五五五）春正月丁酉條。有關客兵之害，則請參看宗臣，《宗子相文集》（明經世文編），卷一，〈報阮督學書〉（禦倭練兵）；康太和，《留省稿》（明經世文編），卷一，〈與劉帶川中丞書〉（罷遣客兵）等。

註五五：釆九德，《倭變事略》（明天啓三年〔一六二三〕海鹽原刊本，《鹽邑志林》之一），卷四，嘉靖三十四年（一五五五）四月二十一日條。

註五六：前註所舉書，同卷，同月二十三日條。

註五七：《明世宗實錄》，卷四二二，嘉靖三十四年（一五五五）五月甲午朔己酉條。王世貞，《王弇州文集》（明經世文編），卷一，〈議防倭上傳中丞〉、〈倭志〉。

註五八：《明史》，卷二一二，〈湯克寬傳〉。

註五九：何世銘，《俞大猷年譜》，卷四，嘉靖三十四年（一五五五）條。

註六〇：趙文華以胡宗憲代楊宜事，詳於《明世宗實錄》，卷四三二，嘉靖三十五年（一五五六）二月庚寅朔己亥條。請參看《明史》〈楊宜傳〉、〈胡宗憲傳〉；夏燮，《明通鑑》，卷六一，〈紀〉，六一，世宗嘉靖三十五年二月條；許重熙，《嘉靖以來注略》（明崇禎六年〔一六三三〕序刊本），卷四，嘉靖三十五年正月條。

註六一：夏燮，《明通鑑》，卷六一，〈紀〉，六一，世宗嘉靖三十五年（一五五六）二月條云：「戊午，罷吏部尚書李默，尋下之獄。初，趙文華奏請還朝，因言餘寇無幾。及敗報踵至，上疑之，以問嚴嵩。嵩力為營解。上意終不釋。默與嵩數為異同，文華自江南至，默尤輕之。會楊宜罷，嵩、文華請以宗憲代，默獨推用兵部侍郎王誥，二人者尤恚甚。及是，文華謀所以自解者，稔上喜告訐，乃摘默部試選人策有漢武、唐憲宗晚節，為任用匪人所敗等語，指為謗訕。又言：臣前劾張經，默以同鄉思報復。及臣再論曹邦輔，則嗾夏栻、孫濬媒孽臣及宗憲，而黨護邦輔。今地方之事，由于督撫非人，默乃不用宗憲而推王誥，懷私挾憤，豈奉公憂國大臣所為？〈疏〉入，上大怒，下禮部三法司議，不稱旨。切責尚書楊用賓等，皆奪俸，而下默鎮撫司拷訊。刑部尚書何鰲，遂坐默比子罵父律，絞。上怒不已，詔加等處斬，錮之獄。尋復逮邦輔至京師，謫戍邊。默竟瘐死獄中」。許重熙，《嘉靖以來注略》，卷四，嘉靖三十五年正月條。

註六二：《明史》，卷二〇五，〈阮鶚傳〉、〈曹邦輔傳〉。

註六三：采九德，《倭變事略》，卷四所錄〈王直自明疏〉。

註六四：鄭舜功，《日本一鑑》（商務印書館，民國二十八年據舊鈔本影印本）〈窮河話海〉，卷六，「流逋」條。

註六五：參看鄭樑生，《明代中日關係研究》，頁四〇九～四二八。

註六六：兪大猷，《正氣堂集》，卷五，〈議王直不可招〉。何世銘，《兪大猷年譜》，卷四，嘉靖三十六年（一五五七）條。

註六七：《明世宗實錄》，卷四七八，嘉靖三十八年（一五五九）十一月戊辰朔丙申條。采九德，《倭變事略》，卷四記載王直之死云：「三十八年己未冬，十二月二十五日，詔斬王直於省城官巷口。直繫獄幾二年，不能決。軍門數請旨定奪。朝廷以東南未平，許軍門便宜行事，姑羈養之。至是，詔下侍御史周公監斬。公適巡嘉興，聞命即還省，躬詣獄取直，以小肩輿舁至法場。直出按察司，見官兵聯屬，始悟就死地矣。臨刑索子。至，子抱持而泣。直以支髻金簪授其子。歎曰：『不意典刑茲土』！若不勝其怨恨者。遂伸頸受刃，至死不撓。妻子沒入成國公家，至今子孫尚在，不絕」。參看鄭樑生，《明史日本傳正補》（臺北，文史哲出版社，民國七十年十二月），頁六二四～六四〇。

註六八：《明世宗實錄》，卷四五八，嘉靖三十七年（一五五八）四月戊寅朔辛巳條。鄭若曾，《籌海圖編》（四庫全書本），卷五，〈浙江倭變紀〉。何喬遠，《名山藏》（明崇禎十三年〔一六四〇〕沈猶龍等刊本）〈臣林記〉「兪大猷」條。沈朝陽，《皇明嘉隆兩朝聞見紀》（明萬曆原刊本），卷四。許重熙，《嘉靖以來注略》，卷五，嘉靖三十七年夏四月條。

註六九：《明世宗實錄》，卷四六〇，嘉靖三十七年（一五五八）六月丁丑朔丙戌條；卷四六一，同年七月丙午朔丙辰條。徐學聚，《嘉靖東南平倭通錄》，同年七月條。

註七〇：《明世宗實錄》，卷四六五，嘉靖三十七年（一五五八）十月甲辰朔辛亥條。《明史》〈胡宗憲傳〉、〈俞大猷傳〉。《浙志便覽》。

註七一：李杜，〈征蠻將軍都督虛江俞公功行紀〉云：「胡（宗憲）公自松江召盧（鏜）帥入海洋誘之，而令俞帥盛陳兵威。直舟入，（大猷）公欲出擊之。胡公檄公曰：『敢與盧帥爭功，俞帥論死。盧公竟誘賊直入見，則天子必欲殺直矣。不殺直，則違明詔，殺直則失信倭人。胡公恚曰：『吾爲俞帥所笑矣』！有旨『必欲盡殲來者』。倭人怒曰：『吾非若，若爲賊者招我來，許我爲市，又以貢也，竟不許我，而又殺我耶？天朝詔令，何以信遠人哉』！遂焚舟，走柯梅，人殊死戰」。《明世宗實錄》，卷四七〇，嘉靖三十八年三月癸酉朔甲子條則記胡宗憲不追擊徙柯梅之倭云：「總督浙直福建都御史胡宗憲言：『舟山殘孽，移住柯梅，即其焚巢夜徙，力已窮蹙。小船浮海，勢易成擒。而總兵俞大猷，參將黎鵬舉，防禦不早，邀擊不力，縱之南奔，播害閩、廣，失機殃民，宜加重治』」。而將其過推到俞大猷、黎鵬舉身上。該《實錄》繼言世宗命巡按御史逮大猷、鵬舉至京訊治之後，更言：「柯梅倭之出海，宗憲實陰縱之，故不督諸將要擊。及倭既出舟山，即駕舟南泛，泊于浯嶼，焚掠居民。由是，福建人大譟，謂宗憲嫁禍南道。御史李瑚，遂劾參宗憲，數其三大罪。瑚與大猷皆福建人，宗憲疑大猷漏言于瑚，故諉罪大猷，以自掩飾如此」。至其功罪，則詳於同書卷四七七，嘉靖三十八年七月庚午朔戊子條。參看何喬遠，《名山藏》〈臣林記〉「俞大猷」條。

註七二：《明世宗實錄》，卷四六六，嘉靖三十七年（一五五八）十一月甲午朔丙戌條。許重熙，《嘉靖以來注略》，卷五，嘉靖三十七年十一月條。《浙志便覽》。

註七三：何世銘，《俞大猷年譜》，卷四，嘉靖三十八年（一五五九）條。

註七四：同前註。

註七五：《明世宗實錄》，卷五一五，嘉靖四十一年（一五六二）十一月辛巳朔己酉條。《明史》〈世宗本紀〉、〈戚繼光傳〉、〈日本傳〉。

註七六：註七三所舉書，同卷，嘉靖四十一年（一五六二）條。

註七七：前註所舉書，同卷，嘉靖四十四年（一五六五）條。

註七八：同前註。

註七九：同前註。

註八〇：《明史》〈日本傳〉。

註八一：註七三所舉書，卷二，嘉靖三十一年（一五五二）條。李杜，〈征蠻將軍都督虛江俞公功行紀〉。俞大猷，《正氣堂集》，卷五，〈呈浙福軍門思質王公揭〉十二首。

註八二：俞大猷，《正氣堂集》，卷五，〈呈浙福軍門思質王公揭十二首〉。陳鶴，《明紀》。谷應泰，《明史紀事本末》（北京，中華書局本），卷五五，〈沿海倭亂〉。

註八三：同註八一。

註八四：俞大猷，《正氣堂集》，卷五，〈防倭議〉。

註八五：前註所舉書，同卷，〈呈浙福軍門思質王公揭〉十二首。李杜，〈征蠻將軍都督虛江俞公功行紀〉。《明史》〈俞大猷傳〉。

註八六：《明史》〈日本傳〉。

註八七：俞大猷，《正氣堂集》，卷五，〈請面陳時務〉。

註八八：前註所舉書，同卷，〈議整搠河船〉。

註八九：前註所舉書，同卷，〈論河船式〉。

註九〇：同前註。

註九一：註八七所舉書，卷六，〈上張東沙書〉。

註九二：前註所舉書，卷六。

註九三：何世銘，《俞大猷年譜》，卷二，嘉靖三十三年（一五五四）條。

註九四：俞大猷，《正氣堂集》，卷一六，〈懇乞天恩亟賜大舉以靖大患以光中興大業疏〉。

註九五：前註所舉書，卷七，〈揭〉。

註九六：《明世宗實錄》，卷四二二，嘉靖三十四年（一五五五）五月甲午朔條。

註九七：同註九五。

註九八：俞大猷，《正氣堂集》，卷七，呈總督軍門在庵楊公揭二首之一，〈論海勢宜知海防宜密揭〉。

註九九：何世銘，《俞大猷年譜》，卷四，嘉靖三十五年（一五五六）條。

註一〇〇：《明史》〈日本傳〉。

註一〇一：同前註。如據前舉采九德，《倭變事略》之記載，則何世銘，《俞大猷年譜》所謂王直於本年伏誅之說不確。

註一〇二：李杜，〈征蠻將軍都督虛江俞公功行紀〉。俞大猷，《正氣堂集》，卷九、一〇之〈書簡〉、〈揭帖〉。

註一〇三：何世銘，《俞大猷年譜》，卷二，嘉靖三十七年（一五五八）條。

註一〇四：俞大猷，《正氣堂集》，卷一一，〈兵略對〉。

註一〇五：前註所舉書，卷一一，〈大同鎮兵車操法〉。

註一〇六：同前註。

註一〇七：註一〇三所舉書，嘉靖四十二年（一五六三）條。

註一〇八：註一〇三所舉書，嘉靖四十三年（一五六四）條。

註一〇九：《明史》〈俞大猷傳〉。

註一一〇：俞大猷，《正氣堂集餘集》；《洗海近事》，鄭旻〈序〉。

註一一一：註一〇三所舉書，隆慶三年（一五六九）條。

註一一二：前註所舉書，隆慶六年（一五七二）條。

註一一三：同前註。

鄭舜功《日本一鑑》之倭寇史料

一、前言

前此中、日兩國學者有關明代倭寇問題的論著不可謂不多，（註一）他們各有獨自的看法，其見解之値得傾聽者亦復不少。日本學者在第二次世界大戰以前，或在大戰期間累積下來的研究成果，主要在發掘史料方面作出貢獻。同時，那些論著也發掘許多有關倭寇分子爲甚麼遠渡重洋至高麗（朝鮮）、中國劫掠？他們所劫掠的目標是甚麼？其組成分子如何？中國人心目中的倭寇如何？當時中國人對日本人的印象又如何等問題。他們不僅將許多相關問題都發掘出來，而且在東亞海域多角形的交通情形，與夫日本各階層人士的對外意識，及在當時東亞國際組織上成爲關鍵性的具體人物，與其活動的相關史料之發掘和介紹、整理方面，也都有相當的貢獻。

中、日兩國學者雖從許多不同角度來探討明代倭寇，但仍有若干問題有待今後之解決。例如：前此學者所爲之研究，雖竭盡其力，將他們所能看到的文獻史料作最有效的利用，而有其輝煌的成果，惟因他們受文獻史料的囿限，致所論內容或所下結論有時難免失實，亦即因未見某些史料，致無法將事情的眞相作正確的把握。由於他們大都只利用鄭若曾《籌海圖編》、《江南經略》、《鄭開陽雜著》，茅元儀《武備志》，及《明經世文編》、《明實錄》、《明史》等，其利用采九德《倭變事略》、徐學聚《嘉靖東南平通錄》、鄭舜功《日本一鑑》等當代文獻者亦尚不多見，至於能夠利用東南沿海各省、府、州、縣所編纂之方志者，更屬少數。

基於上述，本文擬介紹在明嘉靖三十年代奉浙江總督楊宜之命，東渡宣諭日本的鄭舜功所纂敍《日本一鑑》之倭寇關係之紀錄，以爲有意研究此一學術領域者之參考。

二、鄭舜功所認識的日本

鄭舜功乃生存於明嘉靖（一五二二～一五六六）前後的人物，《明史》無傳，各地方志亦均未見相關記載，故其生平事蹟不詳，惟因本書各卷之篇首俱書寫著「奉使宣諭日本國新安郡人鄭舜功纂敍」十六個字，故知他是新安人，復由於他自稱「布衣」，故可能是一位熟悉日本國情的商人，方纔奉命遠渡重洋宣諭日本。

如據《明實錄》、《明史》等的記載，鄭舜功之前往日本，乃奉浙江總督楊宜之命。《明史》卷三二二〈日本傳〉云：

先是蔣洲宣諭（日本）諸島，至豐後被留，令僧人往山口等島傳諭禁戢（倭寇）。於是山口都督源義長具〈咨〉送還被掠人口，而〈咨〉乃用國王印。豐後太守源義鎮遣僧德陽等具方物，奉〈表〉謝罪，請頒勘合修貢，送洲還。前楊宜所遣鄭舜功出海哨探者，行至豐後島，島主亦遣僧清授附舟來謝罪，言前後侵犯，皆中國奸商潛引諸島夷眾，義鎮等實不知。……

山口係日本周防國守護大內義長之城堡所在地，豐後則爲位於九州北部之大友義鎮的領國，故分別爲九州及本州之地名而非二島。又，文中所謂：「山口都督源義長」，就是大內義長，「豐後太守源義鎮」，就是豐後守護大友義鎮。蔣洲之赴日宣諭諸島事，鄭舜功雖在其《日本一鑑》〈窮河話海〉卷七有所論及，然因蔣洲赴日宣諭之過程曲折，且與本文主旨無關，在此姑且不談。

鄭舜功之赴日哨探夷情，係在楊宜擔任浙江總督負責討伐倭寇的嘉靖三十五年（一五五六），其返回國門，亦在此一時期。惟前舉〈日本傳〉的記載未必十分正確。如據〈窮河話海〉卷九「接使」條的記載，鄭舜功前往東渡宣諭日本的經過是這樣的：

自歲庚戌（二十八年，一五五〇）以來，倭寇猖獗，荼毒生靈。命將調兵，遠近騷動。功原草茅，生逢聖明之世，追念先世忠義，書史旌常，奮輒狂愚，廣詢博採。伏睹我皇祖宗之舊章，感懷淵穎之心志，且以博望未究，定遠餘詐，但欲謹持忠信，布宣文德，用夏蠻夷，塞源拔本，以爲東南長治久安之計。於歲乙卯，赴闕陳言，荷蒙聖明不以愚昧罪功，特下兵部，咨送總督軍門，轉咨浙福軍門，文移浙江司道議：功使往日本國，採訪夷情，隨機開諭，歸報施行，等因。功募從事沈孟綱等，訂盟插血，忠義一心，盡忠報國。取道嶺海，治事偵風。丙辰（三十五年，一五五六）汎月，舟至日本豐後國，自以大明國客之名，隨諭西海修理大夫源義鎮，禁戢所部六國地方。其餘列國，止可移書，由其禁否。功按大體，必先曉諭日本王，乃得遍行，通國協一禁止。我舟因風，不可泛海，又按豐後，且有姦宄顚倒其間。功加深慮，隨爲〈批書〉，付與從事沈孟綱、胡福寧，潛濟二海，曉諭日本王，期得眞情，歸報朝廷，以爲東南長治久安之計，庶不負功捐軀圖報之心也。從事去後，功於豐後國察知姦宄之淵藪，盜賊之盤根，必欲塞源拔本，期無東滅西生之患。既得要領，漸次曉諭修理大夫源義鎭，與國臣鑑續長生、鑑增、鑑治、鑑親守、鑑速、鑑直國、僧清梁等，議欲遣人附舟報使，請奉國典還國，一體遵照施行，以順天朝之意，此其先知向化之心也。功以白手空談，仰伏聖德，用竭愚忠，獲其聽信。自謂一奇，遂不顧非時之險，與報使清授俱來，遴流溯風，延迴大小琉球國，凡四十晝夜，萬死一生，乃克至廣，歸報軍門，奏聞區處，庶使東海之夷早定，邊鄙之民早安，南顧之懷早紓。

惟他返抵國門時，胡宗憲已代楊宜爲總督了。

《明世宗實錄》卷四五〇嘉靖三十六年八月辛巳朔甲辰條有如下之相關記載云：

前總督揚（楊）直（註二）所遣鄭舜功，出海哨探夷情者，亦行至豐後。豐後島遣僧清授附舟前來謝罪，言：「前後侵犯，皆中國奸商潛引小島夷眾，義鎭等初不知也。」

〈窮河話海〉卷六「流逋」條則云：

先是，布衣鄭舜功往諭日本。至豐後，得彼之情，乃以從事沈孟綱、胡福寧齎執〈批書〉，往諭日本國王源知仁，獲其聽信。還至潮州，執〈批文〉，誣執下獄，而沈孟綱更被殺害。信報得知，告言軍門（胡宗憲）而不之信。令人伸救，已陷殺其間矣。

同書卷九「接使」條更云：

軍門非惟不用功謀，而更陷功於獄。繼而從事沈孟綱、胡福寧曉諭日本國王源知仁，與其文武陪臣近衛、三條西、柳原、飛鳥、井藤、長慶等會議行禁，遂與回書，并付信旗與孟綱等。經過豐後，豐後君臣告以差僧附舟報使之意，亦與信旗。盡彼之域，回至潮州海上，執〈批〉投赴關望巡檢司照驗，竟被弓兵毀滅〈批文〉，誣執下獄。信報得知，言於軍門而不之信。令人赴廣伸救，已陷殺於其間矣。既而任臣助長債事，致臣幽禁，乃以報使清授，妄引典例，謬請安插於四川，圖滅欺妄之跡。

鄭舜功雖以布衣爲國出生入死，但軍門不僅未用其言，反而陷他於獄，而從事沈孟綱更被殺害。爲國冒險犯難而所得結果如此，實令人感慨萬千。

又，室町幕府歷任將軍裏，並無足利知仁者，如據日本史乘的記載，此一時期的幕府將軍應是第十三任的足利義輝（一五四六～一五六五在位）。故鄭舜功所謂「日本國王源知仁」者，當係另有其人，而誤以爲日本國王（室町幕府將軍）的。

鄭舜功《日本一鑑》分爲〈隂島海新編〉、〈窮河話海〉、〈桴海圖經〉三大部分，〈隂島新編〉

介紹日本國的地理方位與其行政區域、宮室、山川、物產等；〈窮河話海〉論述流航、海市、流逋、被虜、征伐、奉貢、表章、咨文、貢期、貢人、貢物、貢船、貢道、風汛、水火、使館、市舶、賞賜、印章、授節、評議、接使、海神等；〈桴海圖經〉則除作者自序外，分別記載敍述萬里長歌、滄海津鏡、天使紀程等，主要言中日兩國間的海上航路。他在本書卷一之篇首言其撰著本書之經過謂：

> 初，使人要領罕聞，永樂之使，要領漸知之。至宣德時，馭以要□□□波，百有餘年，要領亡矣。庚戌（嘉靖三十年，一五五〇）以來，姦宄交作，邊腹生民之被慘毒，忍不可言。一念生民，又念先世忠義，書史旌常，不自料量，廣詢博采，輒奮狂愚，奏奉宣諭，歷履黥波，行忠信之言，彰文德之教。東夷聽信禁令，乃行。館彼六月，諮其風俗，詢其地位，得聞其說，得覽其書。覆按書言，皆合於一，其不我誑，豈非忠信之驗，文德之徵者乎？故命從事將其圖冊繪錄之，備按書編，遂爲類聚，以寄祇役之談，歸于王師。計數之秋，輒以文告下獄。故違忠信，未即治安。是書棄置既久矣，曩在縲絏，適客問曰：「使於四方，如琉球者有紀錄，如松漠者有紀聞，天使日本，夫豈無錄無聞焉」？告語見聞，曾有成集，又聞島宇以賦圖編。覆按之：其於通國地方，名號因夫字類，聞見無遺，未逮見聞，敢濫編次？書成一卷，萬里燚然。〈隴島新編〉，題答客問，亦天使人之效也。將貽救世士君子，我後之使者，未必不資其說云。

在上舉文字之後，附圖十一，曰：〈中國東海外藩籬日本行基圖〉、〈豐後島夷意畫圖〉、〈初梓考略圖〉、〈續梓考略圖〉、〈廣輿圖附圖〉、〈日本圖纂圖〉、〈夷都城關圖〉、〈夷王宮室圖〉、

〈久保宮室圖〉、〈山城坊市圖〉、〈平戶島嶼圖〉。圖後有若干說明文字。其所繪各圖雖未能擺脫前此地圖之窠臼而不易辨識，但〈夷都城闕圖〉、〈夷王宮室圖〉、〈久保宮室圖〉、〈山城坊市圖〉等則繪得相當清楚，使人一目了然。

鄭舜功紀錄日本人之特性，與其至中國寇掠之原因曰：

夫日本俗性貪，性急惡，惡創美，抑其心貪，故好貨。性急，故輕生；創美，則欲垂芳名。按於字義，不善者多變易之，如「倭」（Wa）指「和」（Wa）之類，不得悉而舉之矣。之其惡惡，故深恥於盜賊，是以盜禁最嚴，盜絲髮者處死，故其門夜不扃而鮮偷竊。惟航海姦偷，向有破帆白波之號，於此賊島，不世見戮，故夷俗也深以盜賊爲戒，人罵以賊，讎恨不忘。今彼之夷來寇，疆埸非其初心，皆由中國姦宄逋搆使然，夷國君長不知之。昔聞宣諭奉之惟謹，此固知之明矣，凡今之人，既不明其好惡，是故久於窮黷，使海隅蒼生，肝腦塗地而不已，可深痛哉！（註三）

亦即鄭舜功認爲日本人深恥於盜賊，故其盜禁甚嚴，而他們之所以至中國東南沿海各地寇掠，乃中國姦宄誘引所致。

〈絕島新編〉對日本的山川、疆域的記載甚詳，首先就其國名與其染齒之習俗言之曰：

備按：日本古爲倭奴之域，夷曰山迹，山迹者即古大和國。書云：天地開闢，人始住山，其地未堅，人迹見矣，故言山迹，又曰山止。以人止山，故名曰大和國。書云：莊子指之（日本之域，後漢始通，前此莊子何由知之，不能明也。曰「敷島」，或即大和磯城。島曰「野馬臺」。……《後漢書》邪馬臺國，即邪摩維國，故其國書支那呼之，或謂「任那」云。曰秋津島，一云秋津洲。秋津者，夷謂蜻蜓，一曰蝴蝶，時俗通云曰小扶桑。扶桑之域，在日本海東夷地，朝暾必昇於木之枝，故云扶桑。日本之夷，以之鄰封，又以好佛輒慕之，故名小扶桑國。……又按：日本之域，山有日枝之名，緣引扶桑之義曰黑齒，見《漢書》，或即黑島。《山海經》云：東海中有黑齒國。今按夷俗，婦人之齒多好墨，男人之齒亦墨之。夫黑齒也，古爲倭屬，今俗人多黑齒歟？

邪馬臺國乃《三國志・魏志》〈東夷列傳・倭人〉條所記載三世紀頃之倭之女王國之名。如據《魏志》的記載，邪馬臺國係在日本史前時代，將衆多部落國家置於其支配之下的勢力較大的部落國家，而那些部落國家的共主——女王卑彌呼統率著周圍之奴國、伊都國及其他許多部落國家，曾經數次朝貢於曹魏，魏明帝曾封卑彌呼爲「親魏倭王」。卑彌呼崩後，其統治力量一度式微，而立其族人之女壹與以致力從事復興云。因此，鄭舜功有關此一方面的記載未必十分正確。

任那（Mimana）係三世紀至六世紀頃，在日本勢力下的朝鮮半島南部地區的總稱，屬故弁韓之地。它初見於高句麗〈廣開土王碑文〉。最盛時，其地區包括自慶尙南道之西半部起，至整個全羅南、北道。由於自古以來即爲與樂浪、帶方兩郡之間的轉接地點，所以約從四世紀中葉起，大和朝廷便派遣大軍至此，佔領原屬弁韓之地，置官家（Miyake），以爲支配朝鮮半島的軍事據點，而所謂「日本府」（Yamatonomikotomochi）即是其統治機構，該地區的經濟收益成爲大和朝廷之財源之一而頗受重視。五世紀以後，由於日本國內政治的動搖，致地方官們各爲其黨而爭，使國家在軍事、外交政策上無法採取統一方針；非僅如此，五朝元老大伴金村又割讓任那之四個縣給百濟，致引起任那之怨懟，及受國內人士之責難。當此之時，新羅乃趁機與高句麗聯合，自六世紀以後便得以急速發展，壓迫百濟，致任那諸部落國家中僅存的一個國家也終於五六二年降伏新羅。結果，「日本府」亦隨之而亡。所以鄭舜功有關任那的記載不確。

鄭舜功說：「或謂任那云曰秋津島，一云秋津洲。秋津者，夷謂蜻蜓，　曰蝴蝶，時俗通云曰小扶桑」。又說：「日本國（古倭國也）、小扶桑國（日本別號）、支竺國（日本別號）、黑齒國（古爲倭屬，只今倭俗好黑齒，故通稱）。如據新村出所編《廣辭苑》的記載，所謂秋津（あきず，Akizu），也寫作蜻蛉，平安時代（八九四～一一八五）以後亦讀如あきつ（Akits）。它既是蜻蜓的古名，也是秋津島的簡稱。秋津國就是秋津島。秋津島亦書如秋津洲、蜻蛉洲。它既是日本古代行政區域之一的「大和國」的別稱，也是日本國的另一種稱呼。有時也將秋津島寫作秋津島根（あきずしまね，Akizusimane），而秋津根（あきずね，Akizune）則是秋津島根的簡稱。至於扶桑，乃中國人稱日本之別名。《山海經》〈海外東經〉云：「黑齒國下有湯谷，湯谷上有扶桑」。注引〈東夷傳〉曰：「倭國東四十餘里有裸國，裸國東南有黑齒國」。今稱日本爲扶桑，當本此。又按：《南史》云：「扶桑在大漢國東二萬餘里」，當亦指日本方面之國家而言。如據日本文獻的記載，該國平安時代的已婚婦女或公卿貴族有將牙齒染黑的習俗。由此，我們便可知鄭舜功對上古時代的日本國之瞭解情形了。

除上述外，鄭舜功又說日本有五畿（山城、太〔大〕和、河內、和泉、攝津五國，隸京畿，故曰五畿）、七道（東海、南海、西海、北陸、東山、山陽、山陰）。更說：

某國書云：夷王用明始分五畿七道六十六州五百八十三郡，又壹岐、對馬、多藝（褹）三島各統二郡。傳至夷王文武，乃以六十六州名更曰國。壹岐、對馬一，各名國，附屬西海，餘惟多藝（褹）不稱編。夷王聖武時，乃以陸奧所部九郡分作五十四郡，其餘列國部郡如昨、多藝（褹）等島，各附近屬。向其列國常有戰爭，夫弱敵者而少假救，多自剖腹而死，勝敵據地。

據《延喜式》第二十二〈民部〉的記載，所謂五畿，就是五畿內，係指現今京都、大阪一帶的山城國、大和國、河內國、和泉國、攝津國而言。所謂七道，就是東海道、北陸道、山陰道、山陽道、東山道、南海道、西海道等七條交通要道。至於三島，《宋史》本傳所記載的雖是壹岐、對馬、多褹，但《延喜式》卻只有壹岐、對馬而已。

畿內原爲日本大和政權之所在，自統一全國以後，諸國負行政工作的國司，爲與中央聯絡政務，與畿內往來的道路自有一定。其〈大寶令〉也曾參考唐朝的十道制度，從畿內向全國各地修築放射狀的七條道路，將所有的地方政府機構——國府都聯結起來。因此，七道既是道路名，也是包括諸國的地理區分。各道不設行政首長，只臨時派遣巡察使、按察使、觀察使等監督國司。迄至八世紀，因軍事上的需要，曾有數年時間置節度使。各道又按交通量，分爲大中小三個等級，其屬大道的東海、東山各置驛馬十頭，其餘則各置五頭，以爲公務旅行之用。這種制度原是古代統一國家爲行中央集權制的須要而產生，然在中古以後，卻失其行政上的意義，只成為交通上、地理上的名詞而已。雖然如此，鄭舜功有關此一方面的紀錄可謂正確。

《宋史》〈日本國傳〉載，日僧奝然於太宗雍熙元年，即日本花山天皇永觀二年（九八四）抵中國，獻銅器十餘件及日本《職員今（令）》、《王年代記》各一卷，所謂《年代記》，就是編年史。此《王年代記》首載日本歷任天皇之名，次錄日本地理云：

畿內有山城、大和、河內、和泉、攝津，凡五州，共統五十三郡。東海道有伊賀、伊勢、志摩、尾張、參河、遠江、駿河、伊豆、甲斐、相模、武藏、安房、上總、常陸，凡十四州，共統一百一十六郡。東山道有通（近）江、美濃、飛驒、信濃、上野、下野、陸奧、出羽，凡八州，共統一百二十二郡。北陸道有若狹、越前、加賀、能登、越中、越後、佐渡，凡七州，共統三十郡。山陰道有丹波、丹彼（後）、徂（但）馬、因幡、伯耆、出雲、石見、隱伎（岐），凡八州，共統五十二郡。小（山）陽道有播麼（磨）、美竹（作）、備前、備中、備後、安藝、周防、長門，凡八州，共統六十九郡。南海道有伊紀（紀伊）、淡路、河（阿）波、讚耆（岐）、伊豫、土佐，凡六州，共統四十八郡。西海道有筑前、筑後、豐前、豐後、肥前、肥後、日向、大隅、薩摩，凡九州，共統九十三郡。又有壹伎（岐）、對馬、多褹，凡三島，各統二郡，是謂五畿七道三島，凡三千七百七十二都（郡）。

在收錄《宋史》以前，其行政區域應是如此。然能夠報告如此詳盡的日本地理，可能係根據《延喜式》

第二十二〈民部〉的記載。然《宋史》本傳與《延喜式》的紀錄有若干出入，即《宋史》漏列東海道的下總，將總數寫成十四州，郡數也將百二十八郡寫成百十六郡。東山道方面，州數——國數兩者相同；郡數則《宋史》爲百二十二，《延喜式》爲百十二而少十郡。南海道則前者爲五十八郡，後者爲五十郡。至於西海道，前者爲九十三郡，後者爲九十一郡（將阿多加入則爲九十二）。如前文所說，《延喜式》只有壹岐、對馬島未列多褹，並且《宋史》本傳的國數爲六十八，《延喜式》爲六十六。又，《宋史》本傳雖言「凡三千七百七十二郡」，但其各道郡數之和卻只有五百八十九郡，與《明史》〈日本傳〉的「統五百八十七郡」只多兩郡而已。然《延喜式》所載者爲畿內五十三郡，東海道百二十八郡，東山道百十二郡，北陸道三十一郡，山陰道五十二郡，山陽道六十九郡，南海道五十郡，西海道則包括薩摩國的阿多爲九十六郡，總共五百九十五郡，而較《明史》多出八郡。鄭舜功所說六十六州之數雖與《延喜式》相符，郡數則少十二而與日本官方的紀錄有出入。

由以上觀之，鄭舜功雖說他曾在日本停留半年，但對日本國的瞭解未必十分正確，此當與他所獲信息有其侷限所致。

三、中國人之往市日本與引番私市

衆所周知，明代的對外貿易，只許四鄰各國從事朝貢貿易，不許外國商賈自由至中國互市，同時也嚴禁中國人往販海外而片板不許入海。（註四）明太祖對自己國人的態度固然如此，對海外諸國與部族酋長之至中國亦有所限制。他們如未與明正式建立主從關係，亦即諸外國與部族酋長們如不向大明皇帝陛下俯首稱臣，就無法獲准至中國朝貢或通商。因此，當時的四夷君長酋帥如欲與明貿易，就得成爲中華世界帝國之一員，以國王名義向大明皇帝陛下奉〈表〉稱臣納貢，以盡屬國之禮。

在成祖永樂年間（一四〇三～一四二四），日本室町幕府第三任將軍足利義滿曾先後五次遣貢使至中國。在太祖之治世則於洪武七年（一三七四）六月，及十三年九月遣使入貢，（註五）其在洪武年間所遣的兩次，俱因無〈表文〉或其書辭倨慢，不合明廷之旨，復違反明廷所希望與明正式建交之方式，及不承認他是日本國王而見拒。

就當時的東亞國際環境而言，倭寇問題，明廷的海禁政策，及南海地方貿易的發展，也都與明、日兩國之交通發生關聯。倭寇的行動目標非止於要求通商，或劫掠瀕海州縣而已，連當地居民也加以擄掠，將他們作爲奴隸或予以販賣，這些事實都使得明、日兩國非建交不可。因爲倭寇的本源在日本，如要根絕倭寇，就得把日本納入東亞世界的體制之中。因此，倭寇問題實爲導致完成此東亞世界之過程之因素之一。而明朝的海禁政策卻只許朝貢貿易之存在，結果，以朝貢貿易方式，以貢品名義從四鄰各國進口的貨物，幾乎都是上流階級的用品與軍用物資。海禁與朝貢兩種政策，雖有內外之別，然其關係卻是表裏難分，故對明而言，它們乃符合防止海盜橫行，與維持由政府控制的貿易形態，亦即兼顧政治、經濟兩方面之目的者。（註六）

明太祖實施海禁的目的既在防止倭寇入侵，與由政府來統制對外貿易，故其貿易只許貢舶至中國。

當許某一國家遣貢船時，明朝就事先頒給蓋有騎縫章的證明書——勘合，於其貢船到達中國之際核對，以辨其眞僞，其未持勘合者則拒絕不納。如非持有明廷所頒發之勘合，明廷便將他們視爲私販——走私而加以嚴格取締。

有關華人誘倭入寇的記載甚多，例如：

〇明興，高皇帝即位，方國珍、張士誠相繼誅服。諸豪亡命，往往糾島人入寇山東濱海州縣。（註七）

〇海寇張阿馬，引倭夷入寇，官軍擊斬之。阿馬者，台州黃巖縣無賴民，常潛入倭國，導其群黨，至海邊剽掠，邊海之人甚患之。至是，復引其眾，自水桶澳登岸，欲劫掠居人。遇杭州餉運百户孔希賢，與戰，不勝而死，兵船皆爲所掠。百户金鑑，別率所部奮擊，斬其首賊一人。賊退走。軍校費麗保、吳慶，乘勢追之，至海岸，遂獲阿馬，斬之。（註八）

上舉兩則記事均指中國奸民之引倭人至中國東南沿海劫掠者，至於華人之引倭人至中國私販，致使濱海州縣居民備嘗其害之紀錄則甚稀。就於嘉靖二十六年（一五四七）當時身負執行海禁及剿倭之大責重任的浙江巡撫朱紈而言，其所上奏〈疏〉裏亦僅言：

土著之民，公然放船出海，名爲接濟，內外合爲一家，其不攻劫水寨、衛、所、巡司者亦幸矣。官軍竄首不暇，姦狡者因而交通媒利，亦勢也。如今年（嘉靖二十六年）正月內，賊虜浯洲良家之女，聲言成親，就於十里外高搭戲臺，公然宴樂。又，八月內，佛狼機夷通艘深入，發貨將盡，就將船二隻，起水于斷嶼洲，公然修理，此賊此夷，目中豈復知有官府耶？夷賊不足怪也。又如同安縣養親進士許福先，被海賊虜去一妹，因與聯姻往來，家遂大富。又如考察閒住僉事林希元，負才放誕，見事風生，每遇上官行部，則將平素所撰詆毀前官傳記等文一二冊寄覽，自謂獨持清論，實則明示挾制，守土之官，畏而惡之，無如之何，以此樹威。門揭「林府」二字，或擅受民詞，私行栲訊；或擅出告示，侵奪有司；專造違式大船，假以渡船爲名，專運賊贓，并違禁貨物。夫所謂鄉官者，一鄉之望也，乃今肆志狼籍如此，目中亦豈知有官府耶？蓋泉、漳地方，本盜賊之淵藪，而鄉官、渡船又盜賊之羽翼。（註九）

而已，並未述及中國人之誘引倭人至東南沿海地區私市肇亂者。至於濱海州縣在明、清時代所編纂之各方志，其情形亦復如此。

在有明一代，福建興化衛指揮李興、李春，曾於洪武辛亥（四年，一三七一）私自遣人出海貿易，而爲太祖所知，認爲此舉有違國策，乃命都督府臣予以嚴懲。（註一〇）四年後則有日本人滕八郎至中國，獻弓、馬、刀、甲、硫黃等物，欲與中國交易。（註一一）然明朝的制度裏，並無與倭商自由貿易之規定，只有入貢倭人可順帶貨物至中國互市，所以滕八郎之此一要求之見拒，自屬必然。惟此一記事乃屬倭人自來之例，並非受華人之引誘，其至中國以後也未肇事而成爲亂源。

中國商人究竟於何時前往日本經商，終於引發寇亂？對這個問題，鄭舜功有如下紀錄云：

嘉靖甲午（十三年，一五三四），給事中陳侃出使琉球，例由福建津發，比從役人皆閩人也。

既至琉球，必候汛風乃旋。比日本僧師學琉球，我從役人聞此僧言日本可市，故從役者即以貨財往市之，得獲大利而歸，致使閩人往往私市其間矣。後有私市平户島，島夷利貨，即殺閩商。未幾，天乃雨血其地，地復出血，島夷俱災。遭殺諸商皆見夢於島主。島主寢疾，立廟祀之其島，始安。自後私商至彼，待以殊禮，繕舟匱乏，島夷稱貸，故私商眾，福亂始漸矣。（註一二）

此言福建私商之前往日本貿易，始自明世宗嘉靖十三年遣往琉球的使臣（吏科給事中陳侃），聞日本僧侶言彼邦可市之後。由於前往者衆多，遂成爲福建發生寇亂的因素之一，而其亂日益猖獗。如據《明實錄》、《明史》的記載，福建之受倭寇的寇掠，始自洪武五年八月二十二日之入侵福寧，永樂、洪熙、正統、正德年間亦有此事實，然在這個期間侵擾的次數不多，所受災害亦尚不嚴重，且係純粹的寇盜行爲而非因互市引發者。故由鄭舜功之此一記載，我們便可得知福建的倭亂，除寇盜之劫掠外，尚有中、日雙方的私販參與其間。至於文中所言：「島夷利貨，即殺閩商。未幾，天乃雨血，……立廟祀之其島，始安」云云，其眞實性雖難免令人置疑，但鄭舜功所記福建因私商往市日本，終於引起寇亂的經緯，乃其他文獻史料之所未見者。

就廣東、浙江地方而言，《日本一鑑》亦有如下之記載：

夫廣私商，始自揭陽縣民郭朝卿，初以航海遭風，漂至其國，歸來，亦復往市矣。浙海私商，始自福建鄧獠，初以罪囚按察司獄。嘉靖丙戌（五年，一五二六），越獄，逋下海，誘引番夷私市浙海雙嶼港，投託合澳之人盧黃四等，私通交易。嘉靖庚子（十九年，一五四〇），繼之許一松、許二楠、許三棟、許四梓，勾引佛郎機國夷人（斯夷於正德間（一五〇六～一五二一）來市廣東不恪，海道副使王（汪）〔柏〕驅逐去後，乃占滿剌加國住牧，許一兄弟遂於滿剌加而招其來。）絡繹浙海，亦市雙嶼、大茅等港，自茲東南釁門始開矣。（註一三）

此言廣東、浙江之寇亂分別因揭陽縣民郭朝卿，與出身福建之罪囚鄧獠而引發。在這以後的發展情形是：

嘉靖壬寅（二十一年，一五四二），寧波知府曹誥，以通番船招致海寇，故每廣捕接濟通番之人。鄉士夫嘗爲之拯救。知府曹誥曰：「今日也說通番，明日也說通番，通得血流滿地方止」。明年癸卯，鄧獠等寇掠閩海地方；浙海寇盜亦發。海道副使張一厚，因許一、許二等通番致寇，延害地方，統兵捕之。許一、許二等敵殺得志，乃與佛郎機夷竟泊雙嶼。夥伴（王直（的名鋥鍠，即五峰））於乙巳歲（二十四年，一五四五）往市日本，始誘博多津倭助才門等三人來市雙嶼。明年復行，風布其地，直浙倭患始生矣。歲丙午（二十五年，一五四六），許二、許四，因許一、許三事，故所欠番人貨物無償，却以姦黨於直隸蘇、松等處地方誘騙良民，收買貨財到港。許二、許四，陰嗾番人搶奪，陽則寬慰被害之人，許償貨價，故被害者不知許二、許四之謀，但怨番人搶奪，自本者則舍而去之，借本者，思無抵償，不敢歸去，乃隨許四往日本國，價以歸舟，至京泊津。遭騙之人，寖以番人搶騙財貨之故，告於島主。島主曰：「番商市中國，敢搶中國人財，今市我〔日本〕國，莫不懷擄矣」！即殺番人。乃以薪粒等物給許四，使送華人以歸。許四自思初欠番夷貨物，又失番夷商賈歸，竟不敢向雙嶼，卻與沈門林剪、許獠等合踪，劫掠海隅民居。許二以兄弟許一、許三喪亡，許四不歸，所欠番人貨財不能抵償，遂與朱獠、李光頭等引番人寇劫閩、浙地方矣。明年丁未（二十六年，一五四七），胡霖等誘引倭夷來市雙嶼，而林剪往自彭亨國，誘引賊眾來，與許二、許四合爲一踪，劫掠閩、浙，邊方騷動。（註一四）

關於許氏兄弟誘引夷人寇劫閩、浙地方事，鄭若曾《籌海圖編》卷八〈寇踪分合始末圖譜〉雖言他們寇掠的時間是從嘉靖二十二年起，至二十七年之間，而許棟於七年六月，爲指揮吳川所執；且言：「此浙、直倡禍之始，王直之雇主也。初亦止勾引西番人交易。二十年始通日本，而夷夏之釁開矣。許棟滅，王直始盛」，卻爲未言其誘引倭夷入寇的經緯，而此事亦未見於他書。因此，如非有《日本一鑑》的這段文字，我們便無法瞭解明代的中國私販誘引夷人寇掠閩、浙地方的眞相了。至於林剪、許獠等人之從彭亨國誘引賊眾寇掠中國東南沿海州縣之事實，也因該書之紀錄而彰彰於世。

就渠魁王直之誘引倭夷到中國私市的問題，《明史》卷三二二〈日本傳〉雖言：

（嘉靖）三十二年三月，汪（王）直勾諸倭，大舉入寇，連艦數百，蔽海而至。浙東、西，江南、北，濱海數千里，同時告警。破昌國衛。

但並未述及誘引倭夷至中國私販的問題。采九德《倭變事略》雖亦紀錄王直引倭入寇之事，且附錄王直的〈自明疏〉，及說明其受戮的經過，但對其誘倭入寇的問題，也完全沒有提到。所幸《日本一鑑》的下列記事，爲我們提供了寶貴的資料。

> 己酉（二十八年，一五四九）冬，王直等誘倭市長途。明年庚戌……本年，徐銓等勾引倭夷俱市長途。（註一五）

至於徐銓、徐海叔姪之引倭寇掠浙海的問題，《倭變事略》雖紀錄徐海寇掠浙江，與他協助官軍討倭，及他被胡宗憲消滅的詳細經過，《籌海圖編》卷八〈寇踪分合始末圖譜〉亦錄列其寇掠始末，而《紀剿除徐海始末》亦言其被剿除的顛末，但均未言及所以導致其引倭入寇的經緯，幸虧《日本一鑑》有相關紀錄，使我們得以瞭解此一歷史事件的全貌。

除上述外，《日本一鑑》尚有如下之記載：

> 癸丑（三十二年，一五五三），而葉宗滿（即碧川，一名五龍）勾引倭夷來市浙海。比懼舟師，不敢停泊，往市廣東之南澳，閩、廣倭患始生矣。比有王十六等，誘倭焚劫黃巖縣，參將俞大猷、湯克寬，欲令王直拏賊授獻，而賊已去。乃議王直，以爲東南禍本。……徐銓等誘倭市南澳，復行日本，因風逆，回泊柘林。都御史鮑象賢，先命東哨統兵官黑孟陽，統率舟師伺擊之，徐銓入水而死，餘皆就擒。（註一六）

由此可知，明嘉靖年間，尤其嘉靖二三十年代的倭亂，大都肇因於私販，可是不僅《明實錄》、《明史》等史乘鮮有相關紀錄，就連當時人纂輯之《籌海圖編》、《倭變事略》、《嘉靖東南平通錄》、《虔臺倭纂》、《皇明禦倭錄》、《武備志》、《經國雄略》，或其他各種著作及奏疏，也都未見著錄，故鄭舜功所留下的此一紀錄，對於探究嘉靖年間東南沿海寇亂之亂源，實提供給我們非常珍貴的資料。

在有明一代，佛郎機（葡萄牙）人也被視爲倭寇。據葡萄牙方面的紀錄，（註一七）他們之至中國始於武宗正德十二年，船長安特拉特（Fernão Perez d'Ardrde），使節爲比萊斯（Thomé Pires），係經臥亞（Goa）總督之同意派遣的。（註一八）《明武宗實錄》云：

海外佛朗機，前此未通中國。近歲吞併滿剌加，逐其國王，遣使進貢。因請封，詔許來京。其留候懷遠驛者，遂略（掠）買人口，蓋房、立寨，爲久居計。滿剌加亦嘗具奏捄，朝廷未有處也。……御史何鰲亦言：「佛朗機最號兇詐，兵器比諸夷獨精。前年駕大舶，突進廣平（一作東）省下，銃砲之聲震動城郭。留驛者，違禁交通；至京者，桀驁爭長。今聽其私船往來交易，勢必至于爭鬥而殺傷，南方之禍殆無極矣！且祖宗時，四夷來貢，皆有年限，備倭將軍防截甚嚴。間有番舶詭稱遭風飄泊，欲圖貿易者亦必覈實具奏，抽分如例，夷人獲利不多，故其來有數。近因布政使吳廷舉首倡缺少上供香料，及軍門取給之議，不拘年分，至即抽貨，以至番舶不絕於海澳，蠻夷雜沓於州城。法防既疎，道路益熟，此佛朗機所以乘機突至也。……宜俟滿剌加使臣到日，會官譯詰佛朗機番使侵奪鄰國擾害地方之故，奏請處置。廣東三司掌印，并守視備倭官，不能呈詳防禦，宜行鎮巡官逮問。以後嚴加禁約夷人，留驛者不許往來私通貿易，番舶非當貢年，驅逐遠去，勿與抽盤」。（註一九）

上舉文字雖言佛郎機人至中國進貢、請封、掠買人口，及欲與中國交通貿易之事，卻未言他們於何時，由何人誘引東來，誰准許他們通市，故難令人瞭解其來龍去脈，但鄭舜功卻告訴我們如下之事實：

歲甲寅（嘉靖三十三年，一五五四），佛郎機國夷船來泊廣東海上，比有周鸞號稱客綱，乃與番夷冒他國名誑報海道，照例抽分。（海道）副使汪柏，故許通市。而周鸞等，每以小舟誘引番夷同裝番貨，市於廣東城下，亦嘗入城貿易。……乙卯，佛郎機國夷人，誘引倭夷來市廣東海上，周鸞等使倭扮作佛郎機夷，同市廣東賣麻街，遲久乃去。自是佛郎機夷頻年誘倭來市廣東矣。姦民、罪犯深重者，移家受廛於夷島，深根固蒂（柢）乎其間，藉以買賣之名，用其賊寇之技，汛去汛來，東南多事。（註二〇）

當我們閱讀這段文字以後，便可知佛郎機人之所以在廣東沿岸貿易，係經海道副使汪柏的許可，及周鸞等中國私販的誘引而開展的。至於佛郎機人之在中國的不法行爲，則詳於朱紈於嘉靖二十六年十二月二十六日所上之〈閱視海防事疏〉，及《明史》〈日本傳〉。

四、流逋之引倭入寇

中國幅員廣闊，外國寇盜入侵，必有奸民內應，始能得心應手，就明代倭寇而言，其情形亦復如此。那些倭寇如無流逋誘引，在人地兩疎的情況下，自無法得知富戶之所在。即使他們能在濱海之地達到寇掠之目的，但距離海岸遙遠處又怎能在極短時間內飽掠而歸？《明史》云：

明興，高皇帝即位，方國珍、張士誠相繼誅服。諸豪亡命，往往糾島人入寇山東濱海州縣。（註

二一）

此乃發生於洪武二十四年（一三九一）八月十九日之事。《明實錄》，也僅有前文所舉海盜張阿馬之相關記載而已。

至於在嘉靖二十六年（一五四七）當時擔任浙江巡撫，負責海防及剿倭工作的朱紈也只說：

> 今日通番接濟之姦豪，在溫州尚少，在漳、泉爲多。漳、泉之姦豪絕，則番夷不來，而溫、寧一帶，亦可少息。……夫所恃海防者兵也，食也，船也，居止瞭望也，今皆無所恃矣。賊船、番船，則兵利甲堅，乘虛馭風，如擁鐵船而來。（註二二）

而未有進一步之紀錄。

由上舉數則文字，我們很容易誤以爲在明代誘倭入寇者僅有這些個案而情形並不嚴重。然當翻閱《日本一鑑》〈窮河話海〉卷六「流逋」條時，不但會立刻改變看法，且會驚於當時流逋引倭入寇情形的嚴重性。

在前舉《明史》的紀錄裏，雖言方國珍、張士誠等相繼被朱元璋擊敗後，諸豪亡命往往糾島人入寇山東濱海諸縣，但它既未紀錄其引倭入寇的確實時間，亦未言由誰誘倭入寇。關於這個問題，《明太祖實錄》謂：

> （洪武二年正月）是月，倭人入寇山東海濱郡縣，掠民男女而去。（註二三）

由此，我們雖得知其寇掠的時間在洪武二年正月，但仍無法瞭解此次寇掠究竟由誰引起的？幸虧「流逋」條有如下之記載：

流逋誘倭入寇，自洪武己酉歲（二年，一三六九），廣東賊首鍾福全，挾倭寇掠，官兵平之。又，倭寇直隸。上遣使臣祭告東海，出師捕之。故於己酉、庚戌之歲，遣使往諭日本。

當我們閱讀這段文字時，既可知其寇掠時間，也從而得知其所以被寇掠，肇因於廣東賊首鍾福全之誘引。倭寇直隸之事，並見於《明太祖實錄》卷四一，同年四月乙丑朔戊子條，及卷四四，同年八月癸亥朔乙亥條。至於遣使招諭日本事，則見於同書卷三九，同年二月丙寅朔辛未，與《明史》〈日本傳〉，使者是行人司行人楊載。太祖遣使祭告海神之事，見於《明太祖實錄》卷四一洪武二年四月乙丑朔戊子條。

衆所周知，徽州歙縣人王直係在嘉靖二十年代崛起的海商，至三十年代已被視爲倭寇大頭目，他與地方官勾結，蹂躪海上。因此，在嘉靖三十三年五月便有招撫王直之議。當時兵部所議招撫王直之賞格爲：

有能擒斬首惡王直等者，授世襲指揮僉事。如直等悔罪，能率衆來降，亦如之。其部下量授世襲千百戶等官，俱塡註備倭職事。（註二四）

然當時兵部都給事中王國禎極力反對，故未付諸實行。反對理由爲：即使降直，未必不出現別個王直來。（註二五）

兵部提撫直之議後一個月，鄭曉亦提此建議（註二六），但對撫直工作仍未採取任何具體行動。而官軍常敗北，兩浙地方的倭寇日益猖獗，犧牲者亦甚夥。所以嘉靖三十五年當時的浙江總督胡宗憲，與至江南祭告海神及督察軍情的工部右侍郎趙文華，方知倭寇不易消滅，恐禍臨己身，乃徵求其對應策略，悉心鑽研撫寇密議。然《倭變事略》、《明實錄》、《明史》等，均未記載王直自經商海外至成爲倭寇大頭目的經緯，無法讓我們瞭解他稱霸海上，及他從何時開始引倭入寇自己國家。鄭若曾《籌海圖編》卷八〈寇踪分合始末圖譜〉雖言：

> 先是，日本非入貢不來市。私市自二十三年始，許棟時亦止載貨往日本，未嘗引其人來也。許棟敗沒，直始用倭人爲羽翼，破昌國。而倭之貪心大熾，入寇者遂絡繹矣。

使我們得知王直之前往日本經商，始於嘉靖二十三年（註二七）。係爲許棟（許三）領哨馬船，隨貢使去的。二十七年，許棟爲都御史朱紈所破，王直遂收許棟餘黨自作船主。迄至三十一年，併陳思泮，因求（解除海禁）開市不得，遂寇掠浙東沿海，卻未言他到底引誘甚麼人到中國。然「流逋」條有如下之紀錄：

> 嘉靖乙巳（二十四年，一五四五），許一夥伴王直等往市日本，始誘博多津倭助才門三人來市雙嶼港，直、浙倭患始生矣。

亦即王直往市日本後，即誘博多的倭人助才門到中國從事走私，從而引發浙、直一帶地方的寇亂，也就是說，嘉靖三十年代的此一地區的寇亂，係因王直引起的。

當我們批閱采九德《倭變事略》卷四所附王直〈自明疏〉時，可發現王直自言其協助官軍剿倭之事曰：

> 帶罪犯人王直……臣直覓利商海，賣貨浙、福，與人同利，爲國捍邊，絕無勾引黨賊侵擾事情，此天地神人所共知者。夫何屢立微功，朦（矇）蔽不能上達，反罹籍沒家產，舉家竟坐無辜，臣心實有不甘。前此嘉靖二十九年，海賊盧七，擒擄戰船，直犯杭州江頭西興壩堰，劫掠婦女財貨，復出馬蹟山港停泊。臣即擒拿賊船一十三隻，殺賊千餘，生擒賊黨七名，被搶婦女二口，解送定海衛掌印指揮李壽，送巡按衙門。

王直之此一〈自明疏〉，係在嘉靖三十六年（一五五六），應浙江總督胡宗憲所遣使者蔣洲與陳可願之諭返國後，被俘下浙江按察司獄時書寫者，表明他並未勾引倭夷侵擾祖國，而其所陳述內容之眞實性難免令人存疑。幸虧「流逋」條有如下之記載：

> 嘉靖庚戌（二十八年，一五五〇），賊首盧七、沈九誘倭寇掠，突入錢塘，惟時王直誘倭私市長途，海道移檄王直等拏賊授獻。王直脅倭拏盧七、沈九以獻；明年辛亥，拏陳思泮（一作盼）以獻。於時賊首龔十八，亦誘倭寇掠直、浙海邊。歲壬子（三十一年，一五五二），日本之種島土官古市長門守，聞島倭夷脅從唐人犯華者，誅首凡五人。惟時王直等拏七倭賊以獻。

由此，不但可以證明王直所言不虛，而且可進一步得知其擒拏賊黨的經過，及其所擒獲者爲誰，所以如果沒有「流逋」條的這段紀錄，讀者們就很可能會懷疑其〈自明疏〉之內容之眞實性。

徐學聚《嘉靖東南平倭通錄》嘉靖三十二年（一五五三）五月條有如下之一段文字：

賊舟至上海北宮前，劫糧舟九艘。指揮黎鵬舉傷，鎮撫胡戰死。都司韓璽率僧兵戰于四墩，與國子生梁國棟，斬賊八十餘，乃解。

據《籌海圖編》的記載，他們係渠魁蕭顯之一夥。同書卷六〈直隸倭變紀〉云：

顯自浙西流突直境，過金山，至天妃宮。指揮黎鵬舉，與（鎮撫胡）賢禦之。鵬舉被鎗，賢死焉。賊遂衝縣市，焚治所。

結果，陷於「自是而後，浦東沿海二百餘里間，新舊之賊往來絡繹無虛日」之狀態。乾隆《寶山縣志》卷二〈武衛〉記：「六月，賊復入上海縣，百戶卜相、陶成戰死」。康熙《上海縣志》與乾隆《江南通志》則記：「自宋家濱焚掠上海西境，六合知縣董邦政，追擊於八圍小灣」，並且有劫掠黃巖之舉，但都未言此次寇掠上海等地的一連串事件，究竟是誰引發的。雖然如此，鄭舜功卻為我們解答這個問題。他說：

明年癸丑（三十二年），而葉宗滿誘倭來市浙海，驚見舟師，故不敢泊。往市廣東之南澳，閩、廣倭患始生也。時有賊首蕭顯等，誘倭入寇上海縣；賊首王十六、沈門、謝獠、許獠、曾堅等誘倭焚劫黃巖縣。

由此，我們可瞭解誘倭入寇上海、黃巖的元兇是誰。

嘉靖三十三年（一五五四）四月間，濬墅地方曾經遭遇空前的大浩劫，有二萬七千餘民居被倭焚燬，《倭變事略》、《明實錄》、《明史》等雖有該地被焚的紀錄，卻語焉不詳，很難瞭解事情的眞相。幸虧「流逋」條爲我們留下下列之珍貴紀錄。曰：

四月辛卯……賊首許二自廣東海上與王濡（即汝賢，王直之姪）、徐洪（徐海之弟）同往日本，會王直、徐海、沈門等。許四潛搬家屬，以倭許二回船，一同入倭。賊首林碧川，誘倭入寇直、浙，一枝誘倭入寇，燔燼湖（滸）墅民居二萬七千餘家。

其雙行註則曰：

一枝，一名阿九，先年被誘下海，王直得之，以爲義兒。自後奔入普陀山。僧明懷獲之爲徒，更名眞。其與之遊方，寓宜興之善權寺。嘉靖壬子（三十一年，一五五二），復還普陀。適王直等詣山燒香，識爲阿九，仍帶下海。明年癸丑，海上舟師追捕王直甚緊，一枝同逃，去日本。久之，乃竊王直貨財，奔匿（日本九州）島原。貨財既盡，無以聊生。聞徐海入寇有利，至是誘倭入寇直、浙，焚燬湖（滸）墅民居二萬七千餘家，復往日本後，於丁巳歲王直聽招。將行時，訪知一枝踪跡，隨招同來。王直到官，一枝乃爲船頭。明年戊午，負固舟山。冬十一月，奔去閩海五（浯）嶼，與倭寇犯海隅，官兵撲殺之。

諸書雖記載賊首徐銓、徐海（杭州虎跑寺僧明山和尚）叔姪往市日本一段時日後肆虐東南沿海之事，及王直有義子王滶（毛烈）肆虐海上之事，並未言徐海之弟徐洪也參與私販，和王直尚有一義子一枝之事，更未言及一枝曾焚劫滸墅民居數萬家的殘暴行爲。因此，如非「流逋」條的這項紀錄，則嘉靖三十年代發生於滸墅的慘案，勢必永遠不爲人所知。

當我們翻閱《倭變事略》、《明世宗實錄》、《明史》時，可發現浙江總督胡宗憲曾經派遣蔣洲、陳可願前往日本招諭渠魁王直，經一波三折以後，王直終於返回中國，詣浙江軍門胡宗憲處。雖然如此，卻未言及其受撫經過，故無法讓讀者瞭解王直何以願意聽撫的原委，但是「流逋」條有如下之一段文字，使我們得以明白事情的眞相。

王直，的名鋥，即五峰。初以游方下海。於歲庚子（嘉靖十九年，一五四〇），乃與許一、許二、許三、許四等，誘引番夷來市浙海。至乙巳歲，往市日本，始誘倭夷來市雙嶼，搆成大禍於東南。至庚寅、辛亥、壬子歲，浙江海道檄令拏賊，是故得名。明年，賊首王十六等，誘倭焚劫黃巖縣，參將俞大猷、湯克寬，欲令王直拏賊授獻而賊已去。乃議王直，以為東南禍本，統兵擊之於列港，追至長途，次馬蹟潭，銃砲聲響，驚起蟄龍，兵船漂散逃去。兵士延上馬蹟者，皆被王直等脅倭盡殺之。直亡去日本，其母、妻、子獲之於獄，其姪王濡奔入廣東，附許二船往倭，會直告以前事，欲為全家之計。既而海患日繁，科道憂時，不知要領，卻以直為奇貨。是故軍門乃以直子王澄刺血書，使人招直。直姪王濡而先到官，直同毛烈、謝和、葉宗滿續後而至。直畏國法，不即傾心，而葉宗滿、毛烈先到軍門。毛烈又復下海。軍門遣使夏正諭直曰：「汝若到官，為汝保奏，全汝身家，若不聽從，再差鄭舜功往諭日本王，縛汝來歸，隨差夏正示諭，招來貢市之矣」！德陽、善妙曰：「軍門傳示汝等，若拏王直送官，為汝奏請，容汝貢市，仍賞汝等以歸，否則不容貢市，亦無賞賜」。德陽之謂善妙曰：「主君兩遣使人效順中國不得，一朝皇帝使我空回，主君無面目。今拏王直遂官，不圖受賞；若得一朝皇帝，我等歸去，主君也有面目」。將拏直，直覺之，思無所容身，乃曰：「我本華人，肯與倭兒價賣，寧自割頭獻軍門」。至是到官，毛烈遂不復返。

由此，我們不但得知賊首王十六等誘倭焚劫浙江黃巖縣的史實，也從而得悉王直所以聽撫的經緯。毛烈則在此以後，據舟山之列港，然後徙往漳州之浯嶼，給福建帶來嚴重的禍害。（註二八）此種災害，要到隆慶元年（一五六七）開放海澄爲對外港埠後方纔逐漸減少，終於平靜下來。

五、有關寧波事件的紀錄

衆所周知，嘉靖二年（一五二三）由大內氏所遣使節宗設謙道，與細川氏所遣貢使鸞岡瑞佐、宋素卿等人，爲爭貢使眞僞而引發寧波事件，致給明代中日交通史上留下永遠無法抹拭的污點。

寧波事件發生的遠因，固在於大內、細川兩氏的互相爭辦遣明貢船，但因日本學者柏原昌三已在其論文〈日明勘合貿易に於ける細川・大內二氏の抗爭〉①～⑤（《史學雜誌》第二十五編九號至第二十六編三號）作詳盡的探討，所以不擬重述。

《明史》〈日本傳〉對寧波事件的記載是：

嘉靖二年五月，其貢使宗設抵寧波。未幾，（宋）素卿偕瑞佐復至，互爭眞僞。素卿賄市舶太監賴恩，宴時坐素卿於宗設上，船後至又先爲驗發。宗設怒，與之鬥，殺瑞佐，焚其舟，追素卿至紹興城下，素卿竄匿他所免。凶黨還寧波，所過焚掠，執指揮袁璡，奪船出海。都指揮劉錦，追至海上，戰歿。

其作更詳盡之說明的是鄭若曾《籌海圖編》卷二〈倭奴朝貢事略〉，曰：

（嘉靖二年）四月，夷船三隻，譯傳西海道大內誼興國，使宗設謙道入貢；越數日，夷船一隻，使人百餘，復稱南海道細川高國遣使瑞佐、宋素卿入貢。導致寧波江下。時市舶太監賴恩，私素卿重賄，坐之宗設之上，且貢船後至，先與盤發，遂至兩夷讎殺，毒流廛市。宗設之黨，追逐素卿，直抵紹興城下，不及，而還至寧波。脅寧波衛指揮袁璡，奪舟越關而遁。時備倭都指揮劉錦，戰歿于海。定海衛掌印指揮李震，與知縣鄭餘慶，同心濟變，一日數警，而城以無患。

如據上述史料，則此一事件的起因在於市舶太監賴恩處事不公，先盤發後至者宋素卿一行的貨物，及在舉辦筵宴時所安排的座位未依先至者居上座的規定。然若只是貨物的盤發與座位問題，當不致引發如此嚴重的事件，應該還有其他問題糾結其間，但諸書都沒有記載。當時該地的巡按御史歐珠於宋素卿被捕後，對事件經過的報告也只說：

次日，將宋素卿等移入府城會審。據各稱，西海路多羅氏（大內）義興者，原係日本國所轄，向無進貢。我等朝獻，必由西海道經過。彼將正德年間勘合奪去。今本國只得將弘治年間勘合，由南海路起程。至寧波，因我說出，怪恨被殺。（註二九）

禮部接獲歐珠的奏疏後，立刻舉行部議，以「素卿之言未可盡信，不宜聽入朝。」（註三〇）而未完全採信其自白之詞。指揮馮進恩陳述下列意見云：

其間情節，隱礙尚多，不敢盡露。今若止令巡官查勘回奏，竊恐上誤朝廷事機，下貽地方災害。法令幾於不振，功罪終是不明。況巡按御史（歐珠）當時倉卒聞奏，稽察未精；鎮守等官，身負罪愆，豈肯吐實？臣等夙夜思慮，實懷隱憂。伏望皇上軫念海隅蒼生，罹此凶變，兼係裔夷猾夏，事關國紀。特遣近臣素有風力才望者一員，領勅前去寧波地方，逐一察勘前項失事緣由，明白分別功罪等第，參詳奏來，然後重行誅賞。大明陟罰，庶人心以定，國威以伸，而四方邊徼，皆聞風知所警且懼矣。（註三一）

馮進恩以爲歐珠審問的結果，乃倉卒之間所爲者，故以爲宋素卿的隱礙尚多。乃上〈疏〉請世宗特遣近臣素有風力才望者前往寧波府，查明失事理由，以定功罪，以安人心。他所言素卿供詞隱礙尚多，實相當中肯。

那麼，引發此一事件的原因，除貨物的盤發問題外，是否還有其他因素？關於這個問題，〈窮河話海〉卷七「奉貢」條有如下之記載云：

嘉靖癸未（二年，一五二三），多多良（大內）義興得請勘合於王（日本王——室町幕府將軍足利義晴），遣僧宗設，使人謙導（道）〔遣使僧宗設謙道〕等三百餘人，船四艘來貢。夏四月，細川高國遣僧瑞佐、宋素卿等一百餘人，船一艘亦貢。及辯稱勘合，謙導（道）等遂於中掛甲，殺宋素卿等夷伴，遂焚境清寺館，挾指揮袁璡以去。而罪犯逃夷曰中林，曰望古多羅等，及被虜人口，漂至朝鮮。國王李懌，擒送來歸，發浙江會問素卿等，以正其罪。

有關勘合的問題，與本文無關，姑且不談。至於日本貢使焚燒境清寺事，〈窮河話海〉卷七「使館」條有如下之記載曰：

備按國制，日本來貢，初館使於寧波市舶司。勝國之世，招其來市，館於慶元（即今寧波）天寧寺。馭之無策，寺罹燔炳。嘉靖癸未，兩起貢使俱至寧波，事屬違例。於時市舶太監賴恩，以兩貢使一館之於市舶司，一館之境清寺，館雖兩處，待有偏頗，二使爲讎，寺惟燔炳。

由此得知，引發此一事件的導火線，除貨物的盤驗與筵宴時的座位問題外，尚有住宿場所的問題糾結其間。亦即由於市舶太監賴恩未依先到先驗的規定來處理貨物，筵宴時又使後到的鸞岡瑞佐一行的座位安排於宗設謙道一行之上，更使先到之宗設等人的住宿地點安排在距離驛館較遠的境清寺。這種一連串的不公平措施，終於使宗設謙道一行無法忍受而以暴力方式發洩其憤恨之情。

至於宋素卿，他到底是何許人物？何以前往日本？何以搖身一變，成爲貢使返回中國？各書均語焉不詳，嚴從簡僅記御史熊蘭之奏言謂：

宋素卿原本華人，叛入夷狄。先年差來進貢，已經敗露。時則逆（劉）瑾當權，陰納黃金之賄，遂逃赤族之誅。國法未行，人心未厭，今乃違例入貢，大起釁端。跡其罪惡，雖死猶不足以容之也。（註三二）

《明實錄》則記謂：

日本國使臣宋素卿，本名朱縞，浙江鄞縣人。弘治間，潛隨日本使臣湯四五郎逃去。國王寵愛之，納爲壻，官至綱司，易今名。至是，充正使來貢。族人尚識其狀貌，每伺隙，以私語通，素卿輒以金銀餽之；鄉人發其事，守臣以聞。下禮部議：「素卿以中國之民，潛從外夷，法當究治。但既爲使臣，若拘留禁制，恐失外夷來貢之心，致生他隙。宜宣諭德威，遣之還國。若素卿在彼反覆生事，當族誅之」。仍行鎮守巡等官，以後進貢夷使，宜詳加譯審，毋致前弊。從之。（註三三）

及記謂：

素卿以華從夷，事在幼年，而長知効順，已蒙武宗宥免，毋容再問。惟令鎮巡等官省諭宋素卿……待當貢之年奏請議處」。既而給事中張翀，御史熊蘭等言：「各夷懷奸讎殺，事干犯順，乞明〔正〕其罪」。上命繫宋素卿及宗設夷黨於獄，待報論決。仍令鎮巡官詳鞫各夷情僞以聞。（註三四）

而已，無法讓人瞭解事情的眞相。不過〈窮河話海〉卷七「奉貢」條有如下之記載曰：

正德乙巳（疑爲庚午之誤。庚午爲五年），山城刺史右京兆大夫細川高國，得請勘合於王（室町幕府將軍足利義稙），遣宋素卿、源永春請祀孔子儀禮。廷議謂：「中國聖人不當爲夷狄褻瀆」，不允。鄞民朱澄，首稱素卿乃其族姪朱縞，昔因其父與夷使交通買賣折本，將伊塡去。鎮巡奏聞，陰賂逆瑾覆其事，陽憫專使以遣之。

同書同卷「市舶」條則曰：

> 嘉靖初，日本一國有兩貢使至寧波，提舉司太監賴恩，處使偏頗，兩貢使自相讎殺，寧、紹地方一時騷動。按：市舶司太監提舉，不知起於何年，而罷於嘉靖初年也。又按：市舶行人但知覓利，不識國體，故弘治乙卯（九年，一四九五），此等行人乃與鄞之朱漆匠，賒得夷人湯四五郎漆器，價錢入手花費，竟無貨償。貢船歸國之秋，不得漆器，將告於官。行人慮責，與之催逼。而朱漆匠計出無奈，以子朱縞塡去後，更姓名宋素卿，於正德辛未（庚午之誤）奉使入朝。其叔朱澄，首鳴其事。比賂逆（劉）瑾，得以放去復生，癸未（嘉靖二年，一五二三）之禍，皆行人所致也。

由此觀之，宋素卿原姓朱，因其父與日本人交易而無貨可交，所以被帶到日本，復因他聰明伶俐，方纔被重用而充當貢使回國。如果沒有鄭舜功的這段紀錄，我們便無法瞭解宋素卿前往日本的眞相了。

引發寧波事件的導火線既如上述，而市舶太監賴恩又納宋素卿重賄而偏袒於他，則其罪愆實無容否認。然宗設一行之所以能夠惹起如此巨大的暴動，其因實在於地方官的怠慢，及未能臨機應變，致予可乘之機。事情過後，給事中鄭自壁奏謂：

> 賴恩肆意攬權，恣情黷貨，信（通事）鄭澤之姦計，則延僞使爲上賓，受素卿之金銀，則致宗設之大變。（註三五）

而認爲肇禍的原因在於賴恩的恣情黷貨。嚴從簡《殊域周咨錄》卷二〈日本〉亦言賴恩的偏袒作法爲亂源之一，浙江參政許完，都指揮江洪等人均爲粉飾己過，故隱匿實情而未將素卿肇禍之事報告清楚。

兵科給事中夏言，上〈疏〉慨陳此一事變云：

臣等看得前項倭寇，敢於中華肆行叛逆，各該地方官先事不能防禦，臨變不能剿捕，漫無籌策，坐失機宜，以致荼毒生靈，占據城池，劫奪庫藏，燔燒官府，戮害將臣，辱國損威，莫此爲大。及查據前後章奏，俱各事涉掩覆，而言辭多遁；情狃寬縱，而功罪未明。……寧、紹府、衛、所、寨，掌印巡捕大小官員，坐視夷寇縱橫往來於封域之內，殺戮攻劫於旬日之久，如蹈無人之境，略無捍禦之方。各官職任雖有不同，俱各無所逃罪。訪聞前項倭夷到來之時，實因各官從事怠緩，處置失宜，釀成禍亂。及至變作，卻又一籌莫展。狼狽失措，貽害生靈。甚至以城門之扃鑰，付之賊手；以日本之國號，封我東庫。舉火自焚舶司，差官爲賊鄉導。閫師墜馬，而走匿民家。守臣棄城，而縱賊焚劫。沿餘姚江吶喊殺人，地方之驚擾可知。抵紹興城逼令獻賊，府衛之官何在？且宗設所領倭夷不滿百十餘人，而寧、紹兩郡軍民何啻百萬？今乃任彼兇殘，肆意攻略，畢竟無與爲敵，尚謂國有其人，致使蕞爾島夷，蔑視華夏，蹂躪城郭，破壞閭閻，殺死都司方面，質虜指揮，貽國大恥，事出非常。中間隱匿事情，得於道路傳聞，未易悉舉。及查得指揮馮進恩奏詞，亦曰其間情節，隱礙尚多，不敢盡露。（註三六）

此言官員之顢頇無能，眞是一針見血。

夏言所謂「中間情節，隱礙尚多」，除各官員之相互推諉責任，不肯據實報告外，到底還有甚麼事情讓這僅有百餘人的宗設謙道一行，能夠肆無忌憚地到處肆虐？關於此一方面的問題，鄭舜功在〈窮河話海〉卷七「貢物」條給我們留下寶貴紀錄。他說：

備考：貢船初著船時，不拘貢刀及各私帶刀仗，官司查盤則必貯之東庫。嘉靖癸未兩起貢夷自相讎殺之秋，其持刀仗皆出殯室之中，蓋懷私市，故先暗藏其間。及至讎殺，藉此以爲兇具矣。

由此觀之，宗設謙道一行，係利用其所暗藏原欲用以走私之刀劍來行兇的。依明朝規定，貢使至中國時，其所攜帶用以防身的一切武器都必須繳出，由中國官府代爲保管，俟他們完成一切活動，要離開中國時纔發還給他們。此事可由嘉靖十八年（一五三九）至中國朝貢之副使策彥周良所錄欽差巡視海道浙江提刑按察司副使盧某，向日本貢使所示兩〈牌〉之一所示：

欽差巡視海道浙江等處提刑按察司副使盧示：仰通事周文衡，傳諭日本使臣併從商人等，今將進（寧波）城，遵照大明禁令，往年舊規，合將各船帶來防盜大小兵器，盡數盤出，簿記明白，固封貯（東）庫。待後貢畢回還之日，逐名照數查給，毋得違誤。（註三七）

及湖心碩鼎接到上舉〈牌示〉後所作回報：

日本國進貢使臣碩鼎等，抄蒙欽差巡視海道老尊〈牌面〉二道，內開：防盜大小兵器，守上國法度者也，使臣等造注簿記明白，歸國之日，領回。隨將〈牌〉內事理，諭從商人等，除遵依知曉外，中間不致違誤。預行秉白。

嘉靖十八年五月　日　　日本國正使　碩鼎　押

副使　周良　押

（註三八）

獲得佐證。由於中國官員於日本貢使自船將貨物卸下時，未能嚴格檢查其數量及其搬運，致使他們有隱匿貨物之機會。因此，當兩造貢使發生爭執時，遂以其所隱藏之兵器來爭鬥而終於釀成大禍。又，前文所謂「東庫」，就是明廷爲日本貢使堆放貨物而特設之倉庫，它位於嘉賓館旁。

由上述可知，如無鄭舜功所留下的紀錄，我們便永遠無法瞭解宋素卿的來歷，與寧波事件之所以會鬧得如此嚴重的原因。

六、對日本貢使的處置

前文已說兵科都給事中夏言以爲：寧波事件肇因於市舶太監賴恩對宋素卿、宗設謙道兩造貢使的待遇不公。夏言在前舉奏言之後繼謂：

若不明正典刑，梟首海濱，則將來射利効尤之徒，習爲謀叛，靡所禁絕。伏望明旨，送都察院。兵部將今次朝鮮國獻賊倭中林、望古多羅二名，遵照前旨繹審明白案候。仍將二倭押發浙江，解送欽差官處，令與宋素卿對鞫前項搆禍緣由，及彼國差遣先後，并勘合眞僞來歷，具招以聞。

（註三九）

又謂：

頃倭夷入貢，肆行叛逆，地方各官，先事不能防禦，臨變不能剿捕，而前後章奏，言辭多遁，功罪未明。該部按據來文，遷就議擬，雖云行勘，亦主故常。乞勅風力近臣，重行覆勘。且寧波係倭夷人（入）貢之路，法制具存，尚且敗事，其諸沿海備倭衙門，廢弛可知。宜令所遣官，由山東循維（淮）揚，歷浙、閩，以極于廣，會同巡撫，逐一按視，預爲區畫。其倭夷應否通貢絕約事宜，乞下廷臣集議。（註四〇）

集議結果，差風力給事中一員前往浙江，其餘事宜，兵部議處以聞，乃遣給事中劉穆往按其事。（註四一）

宋素卿旋被移杭州之有司，以謀反下海罪鞫問，與中林等同繫浙江按察司獄，經久未予誅決而前後瘐死獄中。

迄至嘉靖二十六年（一五四七）十一月，日本室町幕府將軍足利義晴，派遣策彥周良至中國朝貢。《明世宗實錄》卷三三〇同年同月戊寅朔丁酉條云：

日本國王源義晴，遣使周良等求貢。故事：倭夷十年一貢，舡不過三，人不過百。良等以四船六百人先期而至，欲泊待明春貢期，守臣阻之，以風爲解。至是，〈疏〉聞。上曰：「倭夷不守貢期，又挾帶人船越數，三司巡海等官不遵例阻回，乃容潛住港外，引起事端。且往年宗設之叛尚未正法，其令新巡撫官亟爲處分，及宋素卿曾決否一併查奏」。

在此所謂「新巡撫」，就是負責執行海禁及剿倭工作的浙江巡撫朱紈。前此日本曾於嘉靖十八年遣湖心碩鼎一行至中國，禮部照例題准赴京進貢。二十三年，釋壽光，（註四二）二十五年，釋清涼一行前後稱貢。（註四三）當時明廷對壽光、清涼查驗結果，因無正使〈表文〉，又未及貢期，乃照例阻回。而策彥周良之來，亦有違日本國十年一貢，船不過三艘，人不過三百之規定。故世宗除降勅將其阻回外，並命負責嚴格執行海禁及剿倭的浙江巡撫朱紈早日處置此一問題，且將前此引發寧波事件之元兇宗設謙道、宋素卿一併加以查奏。（註四四）朱紈接到此一命令時正在福建閱視海防，乃一面行文給都司、布政司、按察司等衙門，命其嚴加防範，會同查議，一面由福建沿海入溫州、台州，前往寧波府。經巡海備倭副使沈瀚等人之報告，得悉策彥周良一行久泊定海外洋之嶴山，卑詞哀請准予等候貢期。復經把總定海等處備倭指揮僉事潘鼎，與寧波衛府掌印指揮、知府等官臧應驤、魏良貴等引送正使策彥周良，副使壽文，居座等越，土官正賴，通事吳榮，從人熊一等六十二名。因此在公衆面前譯審，得知策彥周良頗通文墨。惟恐通事增減文墨，紈乃逐一寫〈牌〉，諭以明朝旨意嚴切。（註四五）然策彥周良又言其從伴水夫原共六百三十七名，自去年（二十六年）在外海等候至今，染病死者二十一人，現存六百十六名。三船之外附軍船一隻，目的在防倭賊舟以保全貢船而已。嘉靖二十一年以來，邊寇往往以商舶爲藉口，不時至日本國，或與竄島兇賊交通，或侵犯劫掠海邊之民衆，剽奪家財，不可勝數。國王深謀遠慮，特遣軍船一艘保護，若先使之回國，則其餘貢船必遭賊徒劫掠。伏乞憐憫遠來使節，給與方便，講定下次來貢時決不援以爲例。（註四六）

世宗降勅阻回策彥周良一行之際，浙江職官雖採促其回國之相關措施，（註四七）但朱紈經此譯審以後，卻採使其便宜等候之辦法，（註四八）並且上〈疏〉云：

臣照見行別卷爲瞭報海洋船隻事爲海寇久肆猖獗等事，見調福清兵船行委福建署都指揮僉事盧鏜統領前來松門、海門等處，與浙江沿海官兵會合防剿雙嶼等處出沒海賊，似此求貢，夷船既以防賊爲慮，不可再令外泊，萬一踈虞，有負聖朝柔遠之義。況守候經年，物故居多，彼亦自知悔悟，因而與之，是即處分之道。臣又體得地方積弊，常年入貢夷人隨帶貨物，有等姦人指以交易爲由，誆騙推延，往往貢畢京回，守候物價，累年不得歸國。官司苟且避事，佯爲不知，其實不能禁遏。姦人因此肆志，夷人無處伸（申）鳴。內傷國體，外起侮心，非一朝一夕之故矣！（註四九）

朱紈之意，是希望明廷體恤策彥周良一行等候貢期之苦，不要再讓他們在海中停泊，以表柔遠之意，所以題請禮部准其朝貢。然因明廷懲於嘉靖二年發生的寧波事件，對日本貢船之至中國的限制較往日爲嚴，且與之約定：以後入貢，船毋過三艘，夷使毋過百人，送五十人赴京師。但策彥周良卻貢不及期，以四艘六百人而至，故禮部曾議非正額者皆予罷遣。（註五〇）然朱紈力陳其不便，爲其辯護曰：

臣竊億（臆）明旨詰問之故，蓋以貢期未及，人、船越數，輕以許之，恐失大信於天下，且虞宗設、宋素卿之欺耳。今貢期已及矣，宋素卿已監故矣，宗設雖未正法，在嘉靖十八年已蒙聖恩准貢矣。人、船今雖越數，彼以防賊爲辭，後不援例爲對納之，誠足以廣恩矣。……如蒙皇上軫念遠夷求貢之意，經年守候之誠，乞勑禮部再加查議，許照嘉靖十八年事例，遴選五十人入貢，其餘人數姑容嘉賓館同住。船隻、閣岸貨物報官，給領巡海道〈信票〉，許其明白互市，以慰遠夷之望，以絕姦人私通誆騙之弊，無〈票〉者以通番論罪。仍將周良等所稱副軍防賊，後不援例之詞申諭該國，以示大信不可輕失之義。（註五一）

當時的禮部尚書徐階，對此一問題的見解與朱紈並無二致，言日方人員之超額乃有其實際需要。故曰：

今據周良等告禁，似謂（每船）百人之例，在彼國勢難遵行，若不量爲之處，竊恐無以廣聖朝柔遠之意，亦使其下次仍得藉口踰數而來也。臣等以爲除十年一貢，船三隻，起送五十人到京事例無容別議，其百人之數，合無行令浙江巡按御史備查舊制，並將本夷貢船逐一查驗，每船委須若干人駕駛，比今該量增若干人？斟酌停當，開具奏聞，以憑本部覆議奏請咨行本國知會，俾永爲遵守。如此而在彼猶或不遵，然後決行阻回。雖一人之少，亦不姑容，則我之待彼曲盡，而責彼有詞。縱至絕貢，彼亦當心服矣。（註五二）

朱、徐兩人的意見爲世宗所採納，而其詔書於二十七年七月下達浙江，同月二十二日通知策彥周良。（註五三）由此可知，此次日本貢使之所以未被阻回而能夠在嶴山等候貢期；人、船踰額而終獲明朝當局之諒解，朱紈實給予很大的協助。

前此五月，當朱紈安排策彥周良一行住進寧波嘉賓館時，寧波職官曾飛書報告，言有人唆使在嘉賓館之日本貢使作亂，以先殺巡撫爲詞，致衆人大爲動搖。（註五四）此蓋反對朱紈嚴行海禁，及兵襲雙嶼賊巢者之所爲，幸虧朱紈處置得宜，未生他變。

那麼，朱紈爲甚麼要對日本貢使採取這樣的措施？諸書雖有如上舉之記事，其內容卻不及〈窮河話海〉之詳盡。該書卷八「評議」條曰：

嘉靖戊申（二十七年，一五四八），巡撫浙福都御使朱紈，當日本使僧周良先期奉貢之秋，值許二、許四倡亂洋海之際，抑且人、船逾數，不准其貢，使於海外守候至期。內姦隱誘，揑作護送兵船，哀詞懇納後不援例之說，巡撫衙門酌處奏議。其略曰：臣聞開創軍門，責任至重，業以專奉勅旨，從宜處置之命，宣諭安插，剿除賊巢之後，夷館私通出入；又嚴禁制臣之宣諭，即朝廷之大信也。臣之剿除、禁制，即中國之大法也，奸人之煽惑、教誘，臣之不敢姑容也；彼之狡猾，所以覘我守法之疎密者，正在於此。彼之驕縱，所以雖有煽惑之姦，而終不能違面審親筆之信者，亦在於此。彼之遵守約束，安心在館，不敢如往昔之沿途驚擾出外交通者，亦在於此。向使機事不密，處置失宜，雙嶼之巢難傾，而眾夷之亂先作，於時師老無功，官民荼毒，不知靡費騷擾狀也。今撫慰既定，乃欲執詞發回，則眾夷必以臣爲不足信，其後不援例之詞，亦將反覆，而姦人煽惑之計遂行，教誘之言遂動，臣具不免誤事之罪，雖有畫一之法，亦無所施矣。且中華人物尚有通番、通賊，背公私黨，不守畫一之法，如臣所參林希元、許福〔先〕、張德熹者。外夷犬羊，欲以中國之治治之，臣雖粉骨碎身，無濟也。何也？六百人之軀命易制，百餘年之邊釁難開爾。

鄭舜功在這段文字之後書寫如下之〈按語〉曰：

已上之言，莫不正心誠意，但原倭夷地隔漲海，內姦隱誘，然卒難知底裏，雖有面審親筆之信，而奸民教誘之計已成矣。例外人、船故納矣，時若知之終焉，俯就於時貢使，固然不入賊巢，必不免於煽惑矣。又曰：「六百人之軀命易制，百餘年之釁難開」，蓋亦柔遠懷服之仁，致君澤民之義也。

由此，我們當可窺知朱紈所以採取如此措施之用意之端倪。至於林希元、許福先等人與倭賊交通之問題前文已提及，在此不擬贅言。

如據策彥周良《再渡集》的記載，日本貢使一行於嘉靖二十七年十月六日，自寧波乘船循運河前往北京。十日後抵杭州。正使以下各幹部各乘轎去拜謁朱紈，因朱紈身體不適，故只將進京五十人之名單呈上，然後往謁布政使，由布政使出〈牌〉查明此次進貢的始末。謁按察司官員時，該司即下令關照北上船隻的相關事宜。

一行之進京，前後共歷六個多月，至二十八年四月方纔到達北京城。他們在北京及往返途次的活動情形，則詳於《再渡集》。

七、明代中日兩國間的航路

〈桴海圖經〉共分「萬里長歌」、「滄海津鏡」、「天使紀程」三卷，係鄭舜功參考其出使日本前所蒐集有關航海的資料，亦即根據航路指南一類的書籍，並根據他實際前往日本的經歷編纂而成。

鄭舜功在首卷〈自序〉裡說：

爰究指南之書，而詢蹈之要，廣求博采者久之。人有以所錄之書者，謂文曰〈針譜〉，按考日本路經言之未詳。後得二書，一曰《渡海方程》，一曰《海道經書》，此兩者同出而異名也。歷按是書多載西南夷國方程，而日本程圖雖有其名，亦鮮有詳者。一曰《四海指南》，內載□□王進之使日本，取道太倉、田韭山，放洋而往，取野顧（寄音），次抱里（寄音），沿入其郡，路經如斯而已。

文中所言王進，乃於永樂三年日本貢使源通賢奉〈表〉至中國朝貢後返國之際，奉成祖之命，與鴻臚寺卿潘賜偕往日本的內官。（註五五）

卷一〈萬里長歌〉由一百二十句的七言詩而成，前三十四句紀錄鄭舜功自廣東出發東渡日本的航程；第三十五句至第五十二句，略述以往日本人之前往中國的航路；第五十三句以後則言因倭寇之肆虐所造成中日兩國關係之變化，回程所受天氣的影響，及回國後的遭遇，並表達其心願。

此一篇什附有許多註釋文字，以說明地名、里程、航程等。例如：在「定海先須定六鰲，下（廈？）門平靜金門高」下註曰：

鎮海，衛名，約去六鰲六十里。六鰲，（千户所）所名，約去走馬百六十里。若往走馬，至鎮海必須先過六鰲。下門，寨名，在月港東南，約去鎮海四十里。皆漳海地方。金門，（千户所）所名，泉海地方，約去下門五十里，而我俱道其右。

鄭舜功不僅解釋其所經由之地名，及言其距離，也還描述其所航行之海域的情況與相關的傳聞而値得傾聽。例如：他對釣魚嶼（即今釣魚臺）所爲之註釋是：

自嶼遠近多巨鯊，長約十數尺。又見風帆影逆於波上。夜則躍而有光。按：海鯊魚族類頗多，因訪魚漁略言知者，曰珠鯊，曰鋸鯊，曰刺鯊，曰虎鯊，曰青鯊，曰丫髻鯊，曰犁頭鯊，曰狗頭鯊，曰和尚鯊，曰白浦鯊。曰吹鯊螺者，鳴則風雨大作，嘗食魚害人。又，虎鯊者，有化爲虎啖島人畜，其餘不盡聞也。

除上述外，它又描述從日本首都所在地山城國（即今京都府），至中國京師的路程，與明對日本所定貢期之詩句：「十年一度使來庭，不遠風濤萬里程」所爲之註釋謂：

自今祖文皇帝朝制定，其國十年一貢。自彼山城國都至北京，程計一萬一千一百里，乃得一朝貢。

明朝政府在永樂年間規定日本十年一貢之說雖有違事實，此事在此不談。但當時日本貢使之不畏艱險，踰越萬里波濤至中國後，復從浙江寧波沿大運河北上，至北京覲見皇帝，奉呈〈表文〉，進貢方物，則是事實。

在〈萬里長歌〉的所有註釋文字裏，最値得一提的是它對詩句所爲有關針路的說明文字。它不僅詳細記載鄭舜功本人出使日本時的實際航路，也還紀錄唐、宋以來中、日兩國人士往返海洋時的航路之變更情況，並且又輯錄了航海專著裏的針路。

鄭舜功在〈桴海圖經〉參引之航海專著有《四海指南》、《航海祕訣》、《海道經書》、《渡海方程》、《航海全書》、《針譜》等。他在「萬里長歌」「方位不易指南篇」句下對「指南篇」作具體註釋曰：

夫此書也，一曰《海道經書》，一曰《渡海方程》，一曰《航海祕訣》，一曰《航海全書》，而俗謂之《針譜》。凡此書者，其名雖異，而事則同也。

上舉諸書裏的《四海指南》、《航海祕訣》、《航海全書》雖都已亡佚，卻可由此記載得知，鄭舜功在前往日本以前，對航路問題曾經下過一番研究功夫。

卷二「滄海津鏡」爲簡易的航海圖。其製圖範圍從小琉球雞籠山（今臺灣基隆）開始，至日本國都平安京——京都。圖的下方標示：下西上東，左北右南，與目前通行之左西右東，南下北上有異。圖幅則從右向左共十二幅，凡六個雙頁，可連接成爲長卷。圖上所標示者主要爲島嶼、水道、水灣、道路等，且詳細註記地名。圖末則註曰「夷都東去陸奧東垂凡百餘里程，地方綿邈，不及圖編」。陸奧(Mutsu)乃現今本州與北海道之間的青森縣，自關東（箱根關以東，即今東京一帶）至陸奧之間尙有陸中（岩手縣）、羽後（秋田縣）、陸前（宮城縣）、羽前（山形縣）、岩代（福島縣）、越後（新潟縣）等而幅員不小，故鄭舜功所言「夷都東去陸奧東垂凡百餘里程」云云，與事實不符。

卷三「天使紀程」係紀從中國到日本九州島附近後，前往日本國都的三條路線：

其一是「夷海右道」，自九州薩摩國（今鹿兒島縣）南端的硫黃島經屋久島、種ケ島、棒津（坊ノ津），沿九州島與四國島的東南側——土佐（今高知縣）阿波（今德島縣），亦即經南海向東北航行，再經阿波東側的淡路島至本州的小坂（今大阪附近），然後由河道至都城。

其二爲「夷海上（似爲左道之誤）道」，自硫黃島經棒津，沿九州島西側向北航行，經五島列島、平戶島，繞過九州島北端，經過赤間關（今關門海峽），沿瀨戶內海，亦即沿山陽路的海岸向東航行至兵庫港（今神戶）附近，然後由陸路至都城。

其三則爲「夷島陸道」，此乃從棒津登九州島之薩摩，然後由陸路向北前進，到該島北端後渡赤間關至本州南西端的長門（今山口縣），再由陸路（即山陽路。中國路）至都城。

鄭舜功除紀錄自中國前往日本首都的三條路線外，也還略述各該地方的地理情況與路程等，並且對沿途的日本地名也標出其「寄音」——以漢字標示日本語音。例如：

屋久島（耀固世邁，即やくしま。Yakushima）：孤山，一曰野顧，即白雲島。有白氣彔浮，故人目云。乃古大隅地方，今屬種島。人煙頗多，海產飛魚（大沸易阿，即とびうお。Tobiuo），其形類鰡，長尺許，雙翼越尾凡寸餘，見風帆影，飛魚無算，颯颯有聲。凡我出使，初見硫黃島，次准本島，若見飛（魚）則驗矣。舟行不停，南風次二百里渡至種島，徑取日本山城國都。若緣山行，則於本島南風次四百八十里渡至棒津，挨從山右一路而去。

鄭舜功雖言從中國揚帆至日本九州南端的船隻，前往日本國都的路線有上述三條，但其採用第三路線的可能不多，其因在於陸路難行而且頗需時日；第一、二兩條路線則係海路，只要順風航行，在短時間內便可到達目的地。事實上，在有明一代至中國朝貢的日本船隻，大都從兵庫港（神戶）啓航，經赤間關至九州博多（今福岡）後再至五島列島，然後在該列島裏的奈留島等候順風出發，只須五晝夜的時間便可抵達舟山群島的定海，返航時亦經由此一航路。惟至後來，日本國內的細川、大內兩氏因爭辦貢舶而彼此勾心鬪角，致細川氏所遣貢舶無法經由瀨戶內海，而經四國南端的所謂南海路至中國時，也未曾利用陸路。

由《日本一鑑》的記載可知，鄭舜功是從廣東前往日本的，「萬里長歌」有如下詩句云：

欽奉宣諭日本國，驅馳領海乘槎出。五羊歌鼓渡三洲，先取虎頭出　頭。大鵬飛鳴平海札，看看碣石定鐵甲。靖海東頭馬耳還，大家井裡傍牛田。天道南陽王莽天，詔安走馬心旌節。鎮海先須定六鼇，下門平靜金門高。永寧東覓烏邱側，有馬行之是準則。

由此可知，鄭舜功是從珠江口的虎頭——虎門啓碇，循廣東、福建的海岸向北航行，經大鵬、平海、碣石、靖海、南陽、詔安、鎮海，及金門、烏邱等島嶼，航向日本九州的有馬地方。

鄭舜功雖從廣東赴日，卻也書寫從福建及江浙前往日本的航路，使我們瞭解明代東渡扶桑的途徑非一，也可由此得知倭寇自日本至中國東南沿海寇掠的入侵途徑。就福建航路而言，鄭舜功在其「萬里長歌」裏說：

一自回頭定小東，前望七島白雲峰。或自梅花東山麓，雞籠上開釣魚目。黃麻赤坎古米巔，馬齒琉球邏迤先。熱壁行行夢家刺，大羅前渡七島峽。屋久棒津我道中，槎浮影動擊飛沖。

由此詩詞觀之，此係從回頭（今圍頭）出發的航路。如據鄭舜功在此詩篇所為之註釋，則此一航路的具體鍼路是這樣的：

或自回頭徑取小東島，島即小琉球（臺灣）……自島一脈之渡西南乃結門雷等島，一脈之渡東北乃結大琉球、日本等島。……七島之間為琉球、日本之界，……盡島用正寅鍼約五更取顧野，即屋久島。……《航海祕訣》：一自回頭用艮寅縫鍼，徑取日本，凡七八日。

又說：

自（梅花千戶）所東山外用乙辰鍼或辰巽鍼約十更，取小東島之雞籠山（基隆附近）。自山南風用卯乙鍼，西南風正卯鍼或正乙鍼，約十更取釣魚嶼（釣魚臺）。……盡嶼，南風用正卯鍼，東南風卯乙縫鍼，約至四更，取黃麻嶼（黃尾嶼）。盡黃麻嶼，南風用甲卯縫鍼，西南風正甲鍼，東南風正卯鍼，約至十更，取赤坎嶼（赤尾嶼）。盡嶼，南風用正卯鍼或寅甲縫鍼，南風正卯鍼，約十五更取古米山（沖繩島西方之久米島）。盡山，若西南風用甲寅縫鍼，南風正卯鍼，約十五更取馬齒山（沖繩島西方之慶良間列島）。……盡山，南風用甲卯縫鍼或寅甲縫鍼，約五更取大琉球，用正卯鍼或寅甲縫鍼入那霸港。否，自港外用正子鍼約至四更取邏嶼（沖繩島北方之伊江島）。盡嶼之外，南風用正癸鍼，約至三更取熱壁山（伊平屋島）。盡熱壁山，南風用正癸鍼，約至四更取硫黃山（奄美列島之沖永良部島）。……盡山，南風用癸丑縫鍼，約至五更取田家山（奄美列島之德之島）。……盡山，南風用癸丑縫鍼，約三更半取孟家刺（奄美大島）。南風用正癸鍼或癸丑縫鍼，約至三更取大羅山（橫當島）。盡山，用正癸鍼約二更半取七島（吐噶喇列島裡的七個島嶼）。此七島者在日本南，爲琉球、日本之界。……

自此以後是從屋久島至日本國都的航程，鄭舜功在註裏雖有其鍼路的說明，然因上文已提及，故不擬贅言。

至於從江浙地方至日本的航路，鄭舜功也在其「萬里長歌」的註裏作詳細紀錄說：

《四海指南》所載三寶太監出使日本，自太倉劉家河津發，用正乙鍼約僅十更平吳淞江。用卯乙縫鍼約一更平寶山至南匯沮。用乙辰縫鍼出港，打水六七丈，見泥沙底。鍼約三更見茶山（佘山），打水三四丈，用丁未鍼，次坤申縫鍼，共約三更過大七山（大戢山）、小七山（小戢山）至灘山（灘滸山），東北打水三四丈，用正丁鍼或午丁縫鍼約三更至霍山（東、西霍山）。用正午鍼取西後門（西候門）。用巽巳縫鍼約三更至茅山。用巽巳縫鍼取廟州門，水深流急，我從門右而行，至昇羅嶼（圓山）。用丁未縫鍼取崎頭山（峙頭山），山湄水急，打水四丈。過雙嶼港，港水亦急。用丙午縫鍼約三更至孝順洋，打水五六丈。次亂礁洋，打水三四丈，見泥底。次韭山，山西有礁。用正卯鍼約三十更至日本港口野顧山，即屋久島，打水三四丈，見泥底。一自灘山，次大帽山（大貓島），次筲箕港，次鑾江，次糧長澳，次雙嶼港，次孝順、亂礁等洋，至於韭山而去之彼（日本）。一自灘山次滸山，次羊山（大洋山），次淡水門，次蛤蟆礁，次火燄頭，次汪洋港即兩頭洞，次崎頭洋，次雙嶼港，次亂礁洋，次韭山往焉。

《航海祕訣》：若於韭山得好淳風，凡一晝夜見彼硫黃島，然則是島爲彼（日本）之極西也。
一自烏沙門（位於舟山東南）用寅甲鍼至彼，凡六七日。一自沈家門用寅甲縫鍼至彼凡六七日。
一自陳錢山（嵊山）用艮寅縫鍼至彼凡五六日。

由上舉鄭舜功所留下的鍼路可知，明代前往日本的航路不止一條，所以當時前往日本貿易的私商們所採取的航路，當是根據其出發地點之不同而有異。而倭寇前往中國寇掠時，也必因其寇掠目標之不同而採取不同的路線。

八、結語

以上乃根據鄭舜功《日本一鑑》所見有關明代倭寇之紀錄，來介紹當時的中國人違反禁令誘引外國人士私市，流逋引倭入寇之情形，及有關寧波事件之資料，朱紈處置日本貢使的原委，及明代中日兩國間航路，認爲該書紀錄著許多他書所未見的史料，故它對研究明代倭寇問題有相當的價值。

除上述外，鄭舜功也在〈窮河話海〉卷七「貢道」條裏敍述他奉使前往日本時的航路曰：

功前奉使日本時，浙、直、福海皆有賊，故取道廣。初，自潮門馬耳澳放洋，用艮寅縫鍼，略遵給事中陳侃出使琉球水程。一自閩海烏丘山放洋，值西南風，用艮寅縫鍼，東南風甲卯縫鍼，西北風正丑鍼，西風正艮鍼，取有馬島（島屬肥前國），此蓋遵彼上海也。聖朝遣使多自浙海韭山放洋，用單卯鍼，取其屋久島寄（音耀固世邁。按：即やくしま。Yakushima），人指之曰：

「野顧山」，又目之曰：「白雲島」，凡五六日。一至烏沙門放洋，用寅甲縫鍼。若陳錢山放洋，用艮寅縫鍼，皆準屋久等島矣。若或屋久遵其右海，收取椿泊歷奴島，次大門島，至堺江，入山城國都。若或屋久徑遵上海之道，又山城國都用艮寅縫鍼四更，取大島即乞島，人目之曰：「亞甫山」（倭音押付腮。即：あふさん。Afusan）。本島之西六十里有礁四五。人目馬蹄取道馬蹄之上，用艮寅鍼約至十更，取敦理宮島（倭音押茲利密耀如不見山。即：あつりみやじま。Atsurimiyazima）……次用正子鍼一更，正癸鍼二更，取野島，一曰野島磯關，野島之南有暗礁，取道島上，用正丑鍼一更，正子鍼四更，取淡路島，一名大門山，取道其上，次用正丑鍼三更，至兵庫港。更易小舟，入山城國。……

由此一記載，當可瞭解明嘉靖三十年代自中國廣東前往日本的航路的詳情。

註釋：

註一：有關前此學者研究明代倭寇的成果，請參看拙作〈明代倭寇研究之回顧與前瞻——兼言倭寇史料〉，見《淡江史學》，第十一期（淡水，淡江大學歷史學系，民國八十九年六月），及鄭著《中日關係史研究論集》，十（臺北，文史哲出版社，民國八十九年八月）。

註二：直，廣方言館本、抱經樓本、嘉業堂舊藏紅絲欄寫本《明世宗實錄》均作宜。本文所據之《明實錄》爲中央研究院歷史語言研究所景印本。

註　三：鄭舜功，《日本一鑑》（商務印書館，民國二十八年據舊鈔本景印本）〈隂島新編〉，卷一。本文所引用之〈隂島新編〉爲中央研究院中山人文社會科學研究所劉序楓博士所提供，在此謹致謝意。

註　四：《明史》（百衲本），卷二〇五，〈朱紈傳〉。

註　五：《明太祖實錄》，卷九〇，洪武七年六月乙未朔條；卷一三三，洪武十三年九月戊子朔甲午條。

註　六：鄭樑生，〈明永樂年間的貢舶貿易〉，見鄭著《中日關係史研究論集》，七（臺北，文史哲出版社，民國八十六年二月）。

註　七：《明史》，卷三二二，〈日本傳〉。

註　八：《明太祖實錄》，卷二一一，洪武二十四年八月乙卯朔癸酉條。

註　九：朱紈，《甓餘雜集》（明萬曆間刊本），卷二，嘉靖二十六年十二月二十六日〈閱視海防事疏〉。此〈疏〉並見於《明經世文編》（中華書局本），卷二〇五，《朱中丞甓餘集》，卷一。

註一〇：鄭舜功，《日本一鑑》〈窮河話海〉，卷六，「海市」條。

註一一：同前註。

註一二：同前註。

註一三：同前註。

註一四：同前註。

註一五：同前註。

註一六：同前註。

註一七：Fr.J.Gonzales de Mendoza:Historia de las cosas mas motobles, ritos. Y.costumbres de lGran de la,1585.

註一八：方豪，《東西交通史》，第三册，頁二四二～二四三。

註一九：《明武宗實錄》，卷一九四，正德十五年十二月己亥朔己丑條。

註二〇：同註一〇。

註二一：《明史》〈日本傳〉。

註二二：朱紈，《甓餘雜集》，卷二，嘉靖二十六年十二月二十六日〈閱視海防事疏〉（革渡船嚴保甲）。此〈疏〉並見於《明經世文編》，卷二〇五，《朱中丞甓餘集》，卷一。

註二三：《明太祖實錄》，卷三八，洪武二年正月是月條。《明史》，卷二，〈太祖本紀〉，二，同年同月條則言：「倭寇山東濱海郡縣」。「海濱」，廣方言館本《明實錄》作「濱海」；「掠民」作「掠居民」。

註二四：《明世宗實錄》，卷四一〇，嘉靖三十三年五月庚子朔丁巳條。

註二五：沈朝陽，《皇明嘉隆兩朝聞見紀》，卷六，嘉靖三十三年條記載王國禎反對招撫王直之事云：「五月，……時兵科給事中王國禎上禦倭方略，言懸賞招降賊首王直非計。兵部尚書聶豹覆言：『海賊與山賊異，山賊有巢穴，可以力攻；海賊乘風飄忽，瞬息萬里，難以力取。臣聞王直本徽人，以通番入海得罪後，嘗爲官軍捕斬海寇陳嶼主等，及餘黨二三百人，欲以自贖。是時有司不急收之，遂貽今日大患。故仿岳飛官楊么、黄佐故事，懸賞購募，以賊攻賊，非輕王爵以示弱也』。上以國禎言爲是，令一意剿賊，脅從者貸以不死，賊首不赦」。劉燾亦在其《劉帶川稿》，卷五，〈答總督胡梅林（宗憲）剿倭夷書〉裏言王直不可撫。許重熙，《嘉靖以來注略》（明崇禎六年序刊本），卷四，嘉靖三十三年五月條。

註二六：《明世宗實錄》，卷四一一，嘉靖三十三年六月庚午朔庚辰條。鄭曉，《鄭端簡公奏議》，卷二，〈乞收武勇亟議招撫以消賊黨疏〉。前此，王忬在其擔任巡撫時，也主張招撫王直，其《王司馬奏議》，卷一，《御史大夫思質王公奏議》（明隆慶刊本），卷二，〈條處海防事宜仰祈速賜施行疏〉「布寬令以收反側」（此疏並見於《明經世文編》，卷二八三）條云：「近聞積年渠魁，如寧波之王直，福清之李大用，飄泊波浪，俱有首丘之思。但自知罪犯重大，狐疑莫決。若奉有明命，密遣親信招之，許其束身歸投，或擒獲別賊解官，待以不死，來則可收爲用，不來，可坐消狂謀，未必非制勝之一策也」。

註二七：王直前往日本的年分，鄭舜功《日本一鑑》以爲嘉靖二十四年，鄭若曾《籌海圖編》以爲二十三年，日本文之玄昌《鐵砲記》以爲二十二年，木宮泰彥《日華文化交流史》則以爲二十一年。其東渡之正確年分雖不詳，但如據上舉諸書之記載，則於嘉靖二十年代赴日，殆無疑義。

註二八：關於毛烈（即王激）遷徙浯嶼，給福建地方造成禍害的問題，請參看拙著《明代中日關係研究》（臺北，文史哲出版社，民國七十四年三月），頁四四八～五二一，或《明・日關係史の研究》（東京，雄山閣，昭和六十年一月），頁三八七～四四五。

註二九：嚴從簡，《殊域周咨錄》（明萬曆間刊本），卷二，〈日本〉。《明史》〈日本傳〉。

註三〇：《明世宗實錄》，卷二八，嘉靖二年六月庚子朔戊辰條。嚴從簡，《殊域周咨錄》，卷二，〈日本〉。《明史》〈日本傳〉。

註三一：夏言，《桂州奏議》（明嘉靖間刊本），卷二，〈請勘處倭寇事情疏〉。

註三二：嚴從簡，《殊域周咨錄》，卷二，〈日本〉。

註三三：《明武宗實錄》，卷六〇，正德五年四月丙戌朔庚子條。同書同卷二月丁亥朔己丑條則曰：「日本國王源義澄，遣使臣宋素卿來貢，賜宴、給賞，有差。素卿私饋（劉）瑾黃金千兩，得賜飛魚服。陪臣賜飛魚，前所未有也」。

註三四：《明世宗實錄》，卷二八，嘉靖二年六月庚子朔戊辰條。

註三五：《明武宗實錄》，卷六〇，正德五年四月丙戌朔庚子條。

註三六：同註三二。

註三七：策彥周良，《初渡集》（續群書類從本），嘉靖十八年五月二十三日條。另一〈牌示〉的內容是：「欽差巡視海道浙江等處提刑按察司副使盧，仰通事周文衡傳諭日本國使臣：本道遵奉朝天（天朝）懷柔遠人之意，凡一應供給，安揷事宜，俱照舊規，匡處整備。仍嚴禁本境奸貪之徒，不許勾引誆賺外，務要約束通事、從商人等，各謹守天朝法度，安靜居住，聽候鎮巡三司同至驗收方物。奏請赴京，毋得輕信浮言，勿懷疑懼，無得出外生事，驚擾地方。往轍可鑒，爾宜知悉」。

註三八：策彥周良，《初渡集》，嘉靖十八年五月二十三日條。

註三九：同註三二。

註四〇：《明世宗實錄》，卷五〇，嘉靖四年四月庚寅朔癸巳條。

註四一：參看小葉田淳，《中世日支通交貿易史の研究》（東京，刀江書店，昭和四十四年一月），頁一四三～一四四。

註四二：《明世宗實錄》，卷五〇，嘉靖四年四月庚寅朔癸卯條。《明史》〈日本傳〉。

註四三：壽光、清涼俱非室町幕府所遣，請參看《明史》〈日本傳〉。

註四四：朱紈，《甓餘雜集》，卷二，嘉靖二十六年十二月二十六日〈閱視海防事疏〉。此〈疏〉並見於《明經世文編》，卷二〇五，《朱中丞甓餘集》，卷一。

註四五：前註所舉書，同卷，嘉靖二十七年四月初六日〈哨報夷船事疏〉。此〈疏〉並見於《明經世文編》，卷二〇五，《朱中丞甓餘集》，卷二。

註四六：潘鼎、寧波衛指揮等之〈牌諭〉見於日本芳洲文庫所庋藏之《嘉靖公牘集》。

註四七：當時寧波府、定海縣之職官曾經一再告諭策彥周良一行回國，俟屆貢期再來。請參看《嘉靖公牘集》，第十、十九、二十一號文書。

註四八：朱紈，《甓餘雜集》，首卷，〈自序〉云：「（嘉靖二十七年）戊申正月，在興化聞倭夷求貢，詔不許，下撫臣處分」。

註四九：同註四六。

註五〇：《明世宗實錄》，卷三三七，嘉靖二十七年六月甲申朔戊申條。

註五一：同前註。

註五二：徐階，《徐文貞公文集》（《明經世文編》，卷二四四），卷一，〈覆處日本國貢例疏〉。

註五三：策彥周良，《再渡集》（續群書類從本），嘉靖二十七年七月二十二條云：「巳刻，二府老爹駕臨于本堂，告示文書到來事，滿館喜氣如春。予暨副使、居座、土官以下迎接。有恒例，無四拜」。

註五四：朱紈，《甓餘雜集》，首卷，〈自序〉。同書卷三，嘉靖二十七年五月二十六日〈不職官員背公私黨廢壞紀綱事疏〉云：「嘉靖二十七年五月十四日，據浙江寧波府署印推官張德熹齎呈，節該嘉賓館內日本國使臣周良等呈，夜間有書投入本館內，內開：大明黃大醫拜書，嘉靖十八年來貢，鎮日酒食來往，何其親密。去年六月，聞知來貢，不想阻住海外半年。既得進，又禁之嘉賓館，何其艱苦。我國都御史海道，何必苦苦提防？我國皇帝今教都御史起兵誅使臣，差勇將。都司必在五月十三日起兵圍住嘉賓館，放火燒死使臣。又恐汝等走，差邊將一人，領小船數百，圍住定海關，放火燒汝船。我與（汝等）情若兄弟，焉不說知。可在夜間先起兵殺都御史海道，隨下船而走，不可再殺」。《明世宗實錄》，卷三四六，嘉靖二十八年三月辛未朔壬申條。《弇州史料後集》，卷二五，〈象贊〉，三。談遷，《國榷》（中華書局本），卷五九，嘉靖二十六年六月庚辰朔癸卯條。鄭舜功，《日本一鑑》〈窮河話海〉，卷七，「市舶」條；卷八，「評議」條。《明史》〈朱紈傳〉。

註五五：《明太宗實錄》，卷四八，永樂三年十一月癸巳朔辛丑條云：「日本國王源道義，遣使源通賢等，奉〈表〉，貢馬及方物，幷獻所獲倭寇嘗為邊害者。上嘉之，命禮部宴賚其使。遣鴻臚寺少卿潘賜，內官王進等，賜王九章冕（冕）服，鈔五千錠，錢千五百緡，織金文綺、紗、羅、絹三百七十八匹」。《明史》〈日本傳〉則云：「永樂元年，……明年十一月來賀冊立皇太子。時對馬、壹岐諸島賊掠濱海居民，因諭其王捕之。王發兵盡殲其衆，縶其魁二十人，以三年十一月獻於朝，且修貢。帝益嘉之，遣鴻臚少卿潘賜偕中官王進賜其王九章冕服及錢鈔、錦綺等，而還其所獻之人，令其國自治之。使者至寧波，盡置其人於甑，烝殺之。」

佚存日本的《甓餘雜集》

一、前言

明朝有兩大外患，北虜與南倭。北虜指在有明一代騷擾中國北疆的瓦剌與韃靼，南倭則指日本倭寇之侵掠中國東南沿海州縣而言。北虜之事暫且不談。倭寇的組成分子複雜，有日本人、中國人、朝鮮人、佛郎機人，故不能將他們視爲純粹的外寇而已。但他們曾經搶奪我財寶，擄掠男女，攻城陷邑，給當時中國沿海居民帶來莫大災害，致當時中國人談倭色變，閭巷小民，至指倭相詈罵，甚以噤其小兒女云。（註一）

二、增設浙江巡撫及其改廢

倭寇之發生與明朝所實施之海禁政策有密切關係。初時，他們只寇掠沿海地方，後來則與奸民狼狽爲奸，襲擊內地各州縣，輾轉肆虐，旁若無人，其間，民罹其殃而無以復加。

嘉靖二十年代，倭寇的肆虐逐漸加劇，且常貢不以期。其人利互市，留海濱不去。於是巡按御史高節請治沿海文武將吏罪，嚴禁奸豪交通。得旨，允行。（註二）而內地諸奸，利其交易，多爲之囊橐，終不能禁絕。二十六年六月，巡按御史楊九澤言：

浙江寧、紹、台、溫，皆濱海，界連福建福、興、漳、泉諸郡，有倭患。雖設衛所城池及巡海副使、備倭都指揮，但海寇出沒無常，兩地官弁不能通攝，制禦爲難。請如往例，特遣巡視重臣，盡統海濱諸郡。庶事權歸一，威令易行。（註三）

事下兵部，集諸司覆議如其言。於是世宗乃於同年九月初一敕諭都察院副都御史朱紈，前去巡撫浙江，兼管福建福、興、建寧、漳、泉等處海道提督軍務，在杭州省城駐箚，督理錢糧，操練兵馬，修理城池，撫按軍民，禁革奸弊。如有地方盜賊及海寇生發，或倭夷入貢爲亂，即調度官員即時剿捕防禦。遇有用兵，各該三司掌印守巡兵備等官，才堪委用者，聽其隨宜調委。文職五品以下，武職四品以下，如不用命，應拏問者徑自拏問，應參究者參究；或貽誤軍機情節重大者，許以軍法從事（註四）。

當是時日本雖入貢，其各島諸倭歲常侵掠，濱海奸民又往往勾之。紈乃嚴爲申禁，獲交通者不俟命，輒以便宜斬之，由是浙、閩大姓素爲倭內主者失利，而怨紈。又數騰〈疏〉於朝，顯言大姓通倭狀。因此，閩、浙人皆惡之而閩尤甚。出身於閩的巡按御史周亮，兵科給事中葉鏜，乃先後上〈疏〉詆紈，請改巡撫爲巡視，以殺其權。於是世宗乃下詔勅曰：

浙江瀕海阻山，寧、紹乃倭夷入貢之路。……近年福建漳、泉及寧、紹等處豪民，通番入海，因而劫掠沿海軍民，肆行殘害。甚則潛從外夷，敢行作叛。雖各設有海道、兵備、總督、備倭等官，全不舉職。先已命爾前去巡撫。近該給事中葉鏜、監察御史周亮，各論奏巡撫兩省事體未便。事下該部議奏，謂宜查照先年事例暫設巡視。相應依擬，特改爾巡視浙江，兼管福建沿海地方，提督軍務。（註五）

非僅如此，鏜、亮等人，及其黨之在朝者，又對紈作攻訐以奪其官，羅織其擅殺罪。結果，紈竟被下獄，自殺而亡。（註六）

三、朱紈之討倭

如據《明史》卷二〇五〈朱紈傳〉的記載，紈字子純。長洲人。正德十六年（一五二一）進士。除景州知州，調開州。嘉靖（一五二二～一五六六）初，遷南京刑部員外郎，歷四川兵備副使，與副總兵何卿共平深溝諸砦番。五遷至廣東布政使。二十五年，擢右副都御史，巡撫南贛。明年，改提督浙閩海防軍務，巡撫浙江。

明朝曾於洪武四年（一三七一）實施下海通番之禁，所謂片板不許入海是也。然承平日久，奸民闌出入，勾結倭人及佛郎機等國人至中國互市。嘉靖十三年（一五三六），給事中陳侃出使琉球，例由福建出發。其從役皆閩人。既至琉球，必候信風乃旋。比日本僧師學琉球，我從役人聞此僧言日本可市。故從役者即以貲財往市，獲大利而歸，致使閩人往往私市其間。（註七）廣東私商則始自揭揚縣民郭朝卿，初以航海遭風漂至其國，歸來亦復往市。（註八）至於浙江私商，則始自福建鄧獠。初以罪囚按察司獄；嘉靖五年，越獄逋下海，誘引番夷私市浙海雙嶼港，投託合澳之人盧黃四等私通交易。十九年，繼之許松、許楠、許棟、許梓私引佛郎機國人絡繹浙海，亦市雙嶼、大茅等港，自此東南釁門始開矣！越明年，寧波知府曹誥以通番船招致海寇，故每廣捕接濟通番之人，鄞縣士夫曾爲之拯救。曹誥乃曰：「今日也說通番，明日也說通番，通得血流滿地方爲止。」（註九）又明年，鄧獠等寇掠閩海地方，浙海寇盜亦發海道。副使張一原，因許松、許楠等通番致寇，延害地方，統兵捕之。松、楠等敵殺得志，乃與佛郎機夷竟泊雙嶼。（註一〇）

當時私販，勢家護持之，漳、泉爲多，或與通婚姻，假濟渡爲名，造雙桅大船，運載硝黃、武器等違禁物，而將吏不敢詰。或負其值，棟等即誘之攻剽。負值者脅將吏加以捕逐，則泄師期使之逃去，且期他日償還其債務。他日來市，其負債竟如初。如是者不已，倭人大恨，益與棟合。（註一一）

朱紈巡視海道時，曾採僉事項高及士民建議，革渡船，嚴保甲，搜捕奸民之通倭者。（註一二）結果，閩人之資衣食於海者驟失重利，雖士大夫家亦頗以爲不便，而欲以沮壞。然紈非但不因此氣餒，反而雷厲風行其討倭工作，而欲掃蕩雙嶼，乃使兵備副使柯喬、都指揮黎秀分駐漳、泉、福寧，以遏賊奔逸。並使都司盧鏜率福清兵由海門進擊。鏜遇賊於九山洋，俘日本國人稽天，許棟亦就擒（註一三）。許棟黨羽王直等，收其餘衆逃亡日本。

雙嶼既成倭寇淵藪，朱紈乃欲進剿以消弭禍患。紈本擬進剿以後，就彼地分兵屯據，爲立營戍守之規，共圖一勞永逸之計。但一聞九山洋之捷，平時以海爲家之徒，邪議蠭起，搖惑人心，沮喪士氣，而福兵俱不願留。（註一四）然雙嶼四面大洋，勢甚孤危，難以立營戍守，只塞港口爲當。惟立寨之說，衆以爲非。因念濟大事以人心爲本，論地利以人和爲先，乃姑從衆議，行令動支錢糧，聚椿採石，填塞雙港（註一五）而還。因而番船後至者不得入，分泊南麂、礁門、青山、下八諸島。

在此一時期，適有日本貢使策彥周良一行人船逾額，先期而至。（註一六）紈奉詔便宜處置。周良又不欲返國以待貢期，乃使之停泊定海外海之嶼山，並要求周良自清，後不爲例。當時雖有不守本分之官員背公私黨，廢壞紀綱，且有寧波奸人投書夷館，煽惑夷人之心，教誘爲亂，（註一七）但紈防範甚密，奸計遂不得行。而浙江職官對周良一行之處置情形，及周良所爲之辯解文件，則詳於佚存日本而目前被典藏於芳洲文庫之《嘉靖公牘集》。

勢家既失利，則宣言被擒者皆良民，非賊黨，用以搖惑人心。又挾制有司，以脅從被擄予以輕比，重者則引強盜拒捕律來處置。紈乃上〈疏〉謂：

> 伏睹大明律內一款：凡謀叛但共謀者，不分首從皆斬，妻妾子女給付功臣之家爲奴，財產並入官，父母祖孫兄弟，不限籍之同異，皆流二千里安置。知情故縱隱藏者絞；知而不首者，杖一百，流三千里。若謀而未行，爲首者絞，爲從者皆杖一百，流三千里。知而不首者杖一百，從三年。又一款：若將人口、軍器出境，及下海者絞；因而走泄事情者斬；通同故縱者與犯人同罪。又見行事例一條：官民人等擅造二桅以上違式大船，將帶違禁貨物下海，前往番國買賣，潛通海賊，同謀結聚，及爲嚮道劫掠良民者，正犯處以極刑，全家發邊衛充軍。（註一八）

又謂：

擒斬各賊，皆在海島之外，戰陣之中。其交通諸姦，副使魏一恭，亦稱憑賊當時口報，次日報者，一切不准。至於所獲黑番，其面色如漆，見者爲之驚怖。往往能爲中國人語。而失恃之徒，背公私黨，藉口脅從被虜之說。問官執持不堅，泛引強盜罪人之律，不究謀叛嚮道之由。衆證無詞者則從比附，以爲他日之地。稍能展轉者則擬徒杖，供明徑，欲釋放。參詳脅從、被虜，皆指良民。今海禁分明，不知何由被虜，何由脅從？若謂登岸脅虜，不知何人知證？何人保勘？若以入番導寇爲強盜，海洋對敵爲拒捕，不知強盜者何失主？拒捕者何罪人？皆臣之所未解也。

（註一九）

而乞勅兵部議照其先任南贛軍門事體，候駁行三司，從公會問，將衆證顯著者容其於軍門梟首示衆，餘賊監候轉詳處決。其周良等，乞勅禮部議照其先奏事宜，仍容入貢。（註二〇）

紈執法既堅，勢家皆懼。貢使周良安插已定，閩人林懋和爲主客司，宣言已發回其使。紈以中國制馭諸番，宜守大信，〈疏〉爭之強。且言：「去外國盜易，去中國盜難；去中國瀕海之盜猶易，去中國衣冠之盜尤難。」（註二一）因此，閩、浙人益恨之，竟強迫周良還泊海嶼，以俟貢期，而吏部竟用御史周亮及兵科給事中葉鏜之言，奏改紈爲巡視，以削其權。（註二二）爲此，紈氣憤異常，故於二十八年春上〈疏〉言：

臣整頓海防，稍有次第，而周亮乃欲侵削臣權，謂一御史按之有餘，以致屬吏遂不用命。（註二三）既而又陳：明國是，正憲體，定紀綱，扼要害，除禍本，重斷決六事，而語多憤激。（註二四）然因在廟堂者早已聽亮、鏜等人之言，故亦有不悅紈者。（註二五）

紈被改為巡視後雖身罹疾病，卻帶疾督兵追賊下溫、盤、南麂諸洋。連戰三月，大破之，還平處州礦盜。（註二六）當佛郎機國人行劫至詔安，紈擊擒其渠魁李光頭等九十六人，復以便宜處決，具狀以聞，而語復侵諸勢豪家。（註二七）御史陳九德遂劾紈擅殺，結果，落紈職。命兵科都給事中杜汝禎按問。紈聞之，慷慨流涕曰：

吾貧且病，又負氣，不任對簿。縱天子不欲死我，閩、浙人必殺我。吾死，自決之，不須人也。

（註二八）

遂作〈壙志〉，作〈俟命詞〉，仰藥死。二十九年，給事中王汝禎，巡按御史陳宗夔還，稱奸民鬻販拒捕，無僭號流劫事，坐紈擅殺。詔逮紈，紈已前死。柯喬、盧鏜並論重辟。（註二九）

紈清強峭直，勇於任事。欲為國家杜亂源，乃為勢家構陷，朝野太息。自紈死，罷巡視大臣不設，中外搖手不敢言海禁事。（註三〇）浙中衛所四十一，戰船四百三十九，尺籍盡耗。紈招福清捕盜船四十餘，分布海道，在台州海門衛者一十四，為黃巖外障。而副使丁湛竟盡散遣之，撤備弛禁。（註三一）

朱紈失敗的原因，固在其手段嚴急，致招閩、浙大姓之忌。《明史》本傳既言其為長洲人，則此事當與出身福建的周亮、葉鏜等人之因出身不同而來的派系傾軋有關。紈被絀後，直至嘉靖三十一年（一五五二），鑒於倭寇猖獗的嚴重，乃命僉都御史王忬擔任斯職，然忬對倭寇激烈的寇掠已束手無策。（註三二）終於進入所謂的嘉靖大倭寇時期。忬後，李天寵、張經、周琉、楊宜等人先後擔任此一職務，於三十五年二月，胡宗憲繼其任。（註三三）宗憲計捕徐海、陳東、麻葉等渠魁，並遣蔣洲、陳可願赴日招降倭寇頭目王直，（註三四）於是倭寇之擾害乃從兩浙轉移閩、廣而逐漸平息。不久以後，沿海居民方得安堵。

四、《甓餘雜集》的內容

如據朱紈《甓餘雜集》〈自序〉，則所謂甓餘，乃「竹頭木屑，無可集，集成於激耳」。朱紈自巡撫南贛移撫浙江，兼治閩海。當時福建海道憲臣，因罪被廢者踵接，四方撫臣被逮者十有三人。開府草昧，怠忌相乘。而夷夏之防，奉朝廷丁寧曰寇，曰叛，曰剿，曰翦除；浙、閩趨利者則曰生理，曰激變。職是之故，海禁政策頗難執行。《甓餘雜集》即就朱紈於嘉靖二十六年十月入漳州起，至二十八年五月初八日止之章疏、公移等加以輯錄而成，並附有嘉靖二十八年九月既望之朱紈〈自序〉。而此集係經由紈之嫡孫朱篁仲脩甫訂，曾孫朱質野臣重梓者，故當非紈生前所纂輯之原貌。至其刊行時間，則因該書收錄明萬曆十五年（一五八七）十二月二十六日，神宗追頒卹典之詔勅，故此書之問世，應在萬曆十六年以後。

《甓餘雜集》共分十二卷，卷一收錄出身長洲之朱紈後學史官文震孟，賜進士及第翰林院編修陳仁錫，經筵講官久庵居士黃巖、黃綰等人之序文，朱紈自序，〈題瓊林年少圖〉、〈題金門待漏圖〉、〈大中丞秋崖朱公像贊〉等圖像贊，以及嘉靖二十五年十月十八日，世宗命朱紈前往南贛軍門負責剿賊之詔勅，翌年九月初一日，改紈爲浙江巡撫之詔勅；二十七年七月二十七日，再改紈爲浙江巡視之詔勅；萬曆十五年十二月二十六日，神宗遣直隸蘇州府知府俞嘉言諭祭朱紈之追頒卹典之詔勅全文等，並附有身著朝服之「中丞公像」。

卷二至卷六共收錄自嘉靖二十六年閏九月二十一日所上〈薦舉將材乞假事權以濟地方艱危事疏〉起，至嘉靖二十八年五月初十日〈謝恩事疏〉止，共收錄章疏四十五篇，及都察院所上〈夷船出境事疏〉一篇。卷七爲朱紈任職南贛時所發公移共二十二篇。卷七至卷九收錄自嘉靖二十六年九月十二日發出之〈福建浙江提督軍務行〉起，至二十八年五月初八〈脩整兵船以便征調〉止之公移共七十篇。卷十至卷十二則收錄其政論、筮仕須知、詩詞、序跋之類。

由這些章疏與公移，得知朱紈在其受命爲浙江巡撫之初，即奏請重用指揮僉事張通，及柯喬、俞大猷等幹練的武將，並給大猷量陞職銜，勅以海防重寄，而仍不妨汀、漳原務，使久其任；則官不添設，時不借材，而山海之備皆有所處。（註三五）而當時之錢糧不清，兵馬不練，城郭不完，軍民不安，皆以奸弊之不除。奸弊之不除，非病於因循，則奪於權利。朱紈認爲提督軍務與巡撫不同，軍事貴密，大事宜斷，道旁作舍，徒成掣肘。且一時利鈍，古人不能逆睹；他日利害，御史亦不能共分。

今既付其以軍務，許以事關軍機重大者以軍法從事，而不必御史干預。並言治海中之寇不難，而難於治窩引接濟之寇；治窩引接濟之寇不難，而難於治豪俠把持之寇。聞此地事未舉而謗先行，效未見而肘先掣。此蓋由於山海淵藪視為表裏，衣冠劍戟相為主賓。利於此，必不利於彼；善於始，必不善於終，此乃海道歷年養亂所以至於此極之原因。（註三六）所以他將自己視事以後所見海防廢弛之情形詳予疏報。由此章疏，讀者可以得知當時倭寇之所以猖獗的理由，與夫官軍之討倭工作之所以會屢戰屢敗的部分原因。

由於奸民通番，剿倭工作不易，朱紈乃請朝廷准予閩、浙兩省各設巡撫一人，各提督軍務，各整頓海防，各盡其材，各保其境，乃為可久之道。（註三七）並請革回未能盡職之官員，而以有才勇之將領如俞大猷等人擔任備倭之職。（註三八）他對海洋賊船出沒東南沿海各州縣事既有詳盡的報告，對奸民勾引海賊之情形亦據實陳述。並且認為自福建漳、泉，以至山東登、萊，皆有備倭海道等官，沿海衛所星羅棋布，而明初之制並非徒設。而今山東海防已廢，海警絕聞，此豈眞無捕取魚蝦，采打柴木者哉？山東無內叛通番之人而已。因此，他請兵部覆議惟以除惡務本之義，主斷於上，更不為他說所搖，使其別無顧忌，所司別無觀望。同心所在，良圖自出，海道或有清寧之時。否則小民未見有利，而紈本身且不日有禍。（註三九）因此，朱紈對於失職官員如僉事翁學淵等人，則請早議調絀，別選賢能充任，以警群情，以肅紀綱。（註四〇）

由於朱紈嚴格執行海禁，故對海寇之入侵與夫討伐之結果亦作詳細報告，而請求獎賞有功人員，

（註四一）其未能盡職者亦詳言其罪狀。（註四二）而其幹練人材如紹興府知府沈啓，才猷精練，志慮忠純，殊多惠政者，則請特准留容，不要他調以應付地方之多故。（註四三）同時，他又在〈疏〉中列舉他擔任巡撫以來先後所擒斬之倭賊、奸民之名籍、人數及他們所犯之罪狀等，（註四四）使人閱讀以後，對於當時倭寇之跋扈情狀，與奸民通番之情形可以了然於心，從而可以推知嘉靖年間的倭寇所以很難平定的部分原因。

至於有關朱紈之整頓軍容、討伐礦賊、查舉海防、調遣兵馬、配置戰船、調查糧秣、議處失職人員、查革勢豪船隻、封鎖私販互市之據點、以及對日本貢使策彥周良人、船逾額，先期而至之處理始末等，亦可從本書瞭解其詳情。

五、《甓餘雜集》的價值

我們雖知道在明世宗嘉靖二十六年六月，當倭寇逐漸猖獗之際，因巡按御史楊九澤之建議而設浙江巡撫，使其兼管福建福、興、建寧、漳、泉等處海道提督軍務，同時也知當時有不少沿海居民建造違規大船下海通番，勾引外夷來華互市。然因無論《明實錄》或《明史》，均只提及此事而未作進一步之說明，所以我們僅知有此一事實而無從得悉其詳情。例如《明史》卷三二二，〈日本傳〉所謂：

當是時，日本王雖入貢，其各島諸倭歲常侵掠，濱海奸民往往勾之。

及《世宗實錄》卷三四〇，嘉靖二十七年九月癸酉朔己亥條所謂：

初，海賊久據雙嶼島，招引番寇剽掠。二月中，紈密檄福建都司都指揮盧鏜等，以輕舟直趨溫州海門衛，伺賊至，與浙兵夾擊，敗之。賊遁入島。

其所為紀錄均甚簡略而未作進一步之說明。而鄭舜功《日本一鑑》〈窮河話海〉卷六「流逋」條，鄭若曾《籌海圖編》卷五〈浙江倭變紀〉，許重熙《嘉靖以來注略》等書，也都對此事作輕描淡寫，甚或根本未予提及，使人始終無法瞭解其眞相。《皇明經世文編》卷二〇五、二〇六，雖也收錄《朱中丞甓餘集》，將《甓餘雜集》之〈請明職掌以便遵行事〉、〈議處海防事〉等九篇章疏析為一、二兩卷，卻只能從中得知個中情形之一、二，難窺朱紈執行海禁，掃蕩夷賊與通番奸民之全貌。其實，嘉靖二十六年後半年至二十八年春約兩年時間的明朝之討倭工作，可謂由朱紈全權處理，而他對世宗所上那些章疏內容，即是他擔負此一大責重任後所為之工作報告，也是他使海氛暫時稍歛的最詳盡之實錄，遠非他書所可比擬者。就奸民之跋扈，造違式大船而言，其在嘉靖二十六年十二月二十六日所上〈閱視海防事疏〉云：

同安縣養親進士許福先，被海賊虜去一妹，因與聯姻往來，家遂大富。又如考察閒住僉事林希元，負才放誕，見事風生。每遇上官行部，則將平素所撰詆毀前官傳記等文一、二冊寄覽，自謂獨持清論，實則明示挾制。守土之官畏而惡之，無如之何。以此樹威，門揭林府二字。或擅受民詞，私行栲訊，或擅出告示，侵奪有司。專造違式大船，假以渡船為名，專運賊贓，並違禁貨物。

職是之故，

以海爲家之徒，安居城郭，既無剝床之災，棹出海洋，且有同舟之濟。三尺童子，亦視海賊如衣食父母，視軍門如世代仇讎。往往倡爲樵采漁獵之說，動稱小民失利，或虞激變，鼓惑群聽。加以浮誕之請，雖賢者深信不疑矣！（註四五）

由此可知，朱紈非但舉出奸民干犯禁令之事實，而且稱名道姓，說出那些奸民的身分，及他們作奸犯科所造成的影響。

就海賊久踞浙海之雙嶼島，招引番寇剽掠沿海州縣而言，《實錄》、《明史》以及他書也多未紀錄其事，或點到爲止而難究其詳，但《甓餘雜集》卻收錄巡海浙江監察御史裴紳所題〈爲條陳海防事宜以備採擇以安地方事疏〉所紀「防賊巢」之一段文字云：

訪得賊首許二等，糾集黨類甚眾，連年盤踞雙嶼，以爲巢穴。每歲秋高風老之時，南來之寇悉皆解散，惟此中賊黨不散。用哨馬爲遊兵，脅居民爲嚮導，體知某處單弱，其家殷富，或冒（冒）夜竊發，或乘間突至，肆行劫虜，略無忌憚。彼進有必獲之利，退有可依之險，正門庭之寇也。此賊不去，則寧波一帶永無安枕之期。（註四六）

那些奸民之所以盤踞雙嶼，以爲巢穴之理由在於它懸居海洋之中，去定海縣不到六十餘里，雖係國家驅遣棄地，久無人煙住集。然其形勢，東西兩山對峙，南北俱有水口相通，亦有小山如門障蔽。中間空澗約二十餘里，藏風聚氣，巢穴頗寬。各水口賊人晝夜把守，官兵單弱，莫敢窺視。（註四七）

其有關奸民之私倭情形，朱紈在本書中亦有所記載云：

浙江定海雙嶼港，乃海洋天險，叛賊糾引外夷，深結巢穴。名則市販，實則劫虜。有等嗜利無恥之徒，交通接濟。有力者自出貲本，無力者轉展稱貸；有謀者誆領官銀，無謀者質當人口；有勢者揚旗出入，無勢者投託假借。雙桅、三桅，連檣下來，愚下之民，一葉之艇，送一瓜，運一罇，率得厚利，馴致三尺童子，亦知雙嶼之爲衣食父母。遠近同風，不復知華俗之變於夷矣！（註四八）

如此具體的將奸民通番情形加以紀錄，實爲他書之所無，而益顯此種史料之彌足珍貴。

就對最後一次來華朝貢明朝之日本貢使策彥周良之人、船踰額，先期而至之處理情形而言，《世宗實錄》、《明史》及其他史乘之記載，也都語焉不詳而無法瞭解其處置經過。但周良一行來華時，朱紈已擔任巡撫之職而世宗許其全權處理，而他對此一問題，也曾一再上〈疏〉報告其處理經過，及奸民作梗的情形，所以，我們可從而解開謎團。

上舉數例，只是說明本書對明史及明代中日關係史研究之價值的一端而已，我們倘能對本書作較深入的研究，定可發現它蘊藏著過去我們未曾看到的許多寶貴資料，而對自己之研究有莫大裨益。

六、結語

前文所說，乃就明朝設浙江巡撫之經緯，朱紈之討伐倭寇，《甓餘雜集》之內容與其價值等作一簡單的敍述。由此可知，當時中國東南沿海奸民競相通番舶，因緣爲奸利者，主以豪姓。朱紈拜官開府，則一切從軍興法，號令嚴肅，芟翦幾盡。於是閩、浙諸大家設法謀求破敗紈之所爲。紈提兵平漳州、同安、定海諸寇，大破賊於溫盤、南麂諸洋。他雖前後五次上捷報〈疏〉，卻僅有一次獲賞而已。最後，他雖平定佛郎機賊，誅其渠魁，言者竟以妄殺論劾，削其權，將其下獄。紈度自己言論稍侵，又念貧病，不任詔獄，因此，不久以後，仰藥而死。如果嘉靖年間，早嚴海禁，則王直、徐海諸賊，當不可能蹂躪中土數十年之久。紈雖含冤而終，但其所遺章疏、公移諸篇什，所紀內容既詳盡，又爲官方文獻及其他史料之所無，故遂不辭覼縷，爲文簡介，以爲研究此一領域之學者之參考。

註釋

註　一：《明史》（百衲本），三二二，〈日本傳〉。

註　二：同前註。

註　三：《世宗實錄》（中央研究院歷史語言研究所景印本），卷三二四，嘉靖二十六年六月庚辰朔癸卯條。請參看朱紈《甓餘雜集》卷九，〈公移〉，三，嘉靖二十七年八月十四日〈明職掌以定衆志事〉。

註　四：《甓餘雜集》，卷一，嘉靖二十六年九月初一日，明世宗〈勅諭〉。

註　五：《甓餘雜集》，卷一，嘉靖二十七年七月二十七日，明世宗「勅論」。

註　六：《明史》，卷三二二，〈日本傳〉。請參看《甓餘雜集》，卷五，嘉靖二十七年十二月十三日〈議處夷賊以明典型以消弭禍患事疏〉。

註　七：鄭舜功，《日本一鑑》（商務印書館，民國二十八年，據舊鈔本影印本）〈窮河話海〉，卷六，「海市」條。

註　八：同前註。

註　九：同前註。

註一〇：鄭舜功，前舉書，卷六，「海市」條「佛郎機夷國人」下之雙行註云：「斯夷於正德間來市廣東不恪。海道副使王（汪）鏞（柏）驅逐去後，乃占滿剌加國住牧。許一（松）兄弟遂於滿剌加而招致之」。

註一一：《明史》，卷二〇五〈朱紈傳〉。

註一二：《甓餘雜集》，卷二，嘉靖二十六年十二月二十六日〈閱視海防事疏〉。

註一三：《世宗實錄》，卷三四〇，嘉靖二十七年九月癸丑朔辛丑條。鄭舜功，《日本一鑑》，《窮河話海》，卷六，「海市」條。《明史》，卷二〇五，〈朱紈傳〉。

註一四：《甓餘雜集》，卷四，嘉靖二十七年十二月十六日〈雙嶼港工完事疏〉。

註一五：同前註。

註一六：請參看《世宗實錄》，卷三三〇，嘉靖二十六年十一月戊寅朔丁酉條；卷三三七，嘉靖二十七年六月甲辰朔戊申；卷三三八，同年七月甲戌朔等條；卷三四六，嘉靖二十八年三月辛未朔壬申；卷三四九，同年六月己亥朔甲寅各條。《甓餘雜集》，卷四，嘉靖二十七年十二月初八日〈哨報夷船事疏〉。芳洲文庫（日本滋賀縣伊香郡高月町雨森區）《嘉靖公牘集》，第十九號文書。策彥周良，《再渡集》（續群書類從本）。牧田諦亮〈策彥入明記の研究〉下（京都，法藏館，一九五九年三月）。鄭樑生，《明·日關係史の研究》（東京，雄山閣，一九八五年一月），頁八九～一二三；〈嘉靖年間明廷對日本貢使策彥周良的處置始末〉《明代中日關係研究》，五（臺北，文史哲出版社，民國八十四年四月），頁九九～一三七；（《漢學研究》，第六卷第二期臺北，漢學研究中心，一九八八年十二月），頁一九一～二一一。

註一七：《甓餘雜集》，卷一，嘉靖二十八年九月既望〈序〉。卷三，嘉靖二十七年五月二十六日〈不職官員背公私黨廢壞紀綱事疏〉。卷四，嘉靖二十七年十二月初八日〈哨報夷船事疏〉。

註一八：《甓餘雜集》，卷五，嘉靖二十八年三月十八日〈申論議處夷賊以明典刑以消禍患事疏〉。請參看《大明律》〈舶商匿貨〉、「兵律」等條，及許孚遠，《敬和堂集》（《皇明經世文論》卷四〇〇）卷一，〈疏通海禁疏〉，及鄭樑生，《明·日關係史の研究》，頁一八～二〇；《明代中日關係研究》，頁二二～二四。

註一九：同前註。

註二〇：同前註。

註二一：《甓餘雜集》，卷一，文震孟〈《甓餘雜集》序〉。《明史》，卷三二二，〈日本傳〉並見此事。

註二二：請參看《世宗實錄》，卷三三八，嘉靖二十七年七月甲戌朔條。

註二三：《世宗實錄》，卷三四六，嘉靖二十八年三月辛未朔壬申條。

佚存日本的《甓餘雜集》

註二四：《甓餘雜集》，卷五，嘉靖二十八年正月初八日〈曠官違衆乞殘喘以存大體獻末議以圖久安事疏〉。

註二五：《明史》，卷二〇五，〈朱紈傳〉。

註二六：同前註。

註二七：《甓餘雜集》，卷五，嘉靖二十七年十月初十日〈三報海洋捷音事疏〉。《世宗寶錄》，卷三五〇，嘉靖二十八年七月戊辰朔壬申條云：「初，巡視浙福右副都御史朱紈，既報擒獲夷王之捷，隨奏夷患率中國並海居民為之。前後勾引，則有若長嶼喇噠林恭等；往來接濟，則有若大擔嶼奸民姚光瑞等，無慮百十餘人。今欲遏止將來之患，必須引繩排根，永絕禍本。乞下法司議，所以正典憲，威奸慝者」。

註二八：明，焦竑編，《國朝獻徵錄》（明，萬曆四十四年，徐象橒刊本），卷六二，朱紈自撰〈朱公紈壙志〉。清王鴻緒等撰，《明史稾》（清，雍正間內府清寫稿本），傳八三，〈朱紈傳〉。《明史》，卷二〇五，〈朱紈傳〉。

註二九：《明史稾》，傳八三，〈朱紈傳〉。《明史》，卷二〇五，〈朱紈傳〉。

註三〇：同前註。

註三一：同前註。

註三二：同前註。

註三三：同前註。

註三四：采九德，《倭變事略》（明，天啓三年海鹽原刊本）對胡宗憲之計捕徐海、陳東、麻葉等渠魁，並遣蔣洲、陳可願赴日招降倭寇頭目王直之事有詳細的記載。請參看《世宗實錄》，卷四三四，嘉靖三十五年四月己丑朔；卷四三七，同年七月丁巳朔戊午、辛巳；卷四三八，同年八月丁亥朔辛亥；卷四四五，嘉靖三十六年三月甲寅朔戊午；卷四五〇，同年八月辛巳朔甲辰；卷四五三，同年十一月庚戌朔乙卯各條。茅坤，《紀剿除徐海本末》（收錄於臺北，廣文書局本，《倭變事略》。姚士粦，《見只編》（海鹽官刊本），上，所錄劉燾《沈庄進兵實錄》提要。鄭若曾，《籌海圖編》（明，天啓四年，新安胡氏重刊本），卷五，〈浙江倭變紀〉；卷八，〈寇踪分合始末圖譜〉。鄭舜功，《日本一鑑》，〈窮河話海〉，卷六，「流逋」條。鄭樑生，《明史日本傳正補》（臺北，文史哲出版社，民國七十年四月），頁五七〇～六五一；《明・日關係史の研究》，頁三三二～三八六；《明代中日關係研究》，頁三八六～四四八。

註三五：《甓餘雜集》，卷二，嘉靖二十六年閏九月二十一日〈薦舉將材乞假事權以濟地方艱危事疏〉。

註三六：同前註。

註三七：《甓餘雜集》，卷三，嘉靖二十七年五月二十六日〈冒大昧大罪以贊成大計事疏〉。

註三八：《甓餘雜集》，卷三，嘉靖二十七年五月二十六日〈不職官員背公私黨廢壞紀綱事疏〉。

註三九：《甓餘雜集》，卷三，嘉靖二十七年五月二十六日〈亟處失事官員以安地方事疏〉。

註四〇：《甓餘雜集》，卷三，嘉靖二十七年六月二十七日〈海洋賊船出沒事疏〉。

註四一：《甓餘雜集》，卷三，嘉靖二十七年七月二十八日〈海洋報捷事疏〉。

註四二：《甓餘雜集》，卷三，嘉靖二十七年七月二十八日〈海寇久肆猖獗專職憲臣漫不省理事疏〉。

註四三：《甓餘雜集》，卷三，嘉靖二十七年七月二十八日〈地方多故乞留給由官員事疏〉。

註四四：《請參看朱中丞甓餘雜集》，卷三，嘉靖二十七年七月二十八日〈海洋報捷事疏〉；同年十月初十日〈三報海洋捷音事疏〉。卷四，同年十二月初八日〈生擒海賊事疏〉；同年十二月十三日〈海賊登岸殺虜軍民事疏〉，〈四報擣平浙海賊巢事疏〉；二十八年正月初八日〈五報海洋捷音事疏〉。

註四五：同註四〇。

註四六：《甓餘雜集》，卷四，嘉靖二十七年十二月十六日〈雙嶼工完事疏〉。

註四七：同前註。

註四八：請參看《世宗實錄》，卷三五〇，嘉靖二十八年七月戊辰朔壬申條。

佚存日本的《經國雄略》

一、前言

《史記》載漢高祖劉邦入關時，諸吏士爭取金玉繒帛，而酇侯蕭何獨取圖書。及漢平定天下，用知天下戶口阨塞，山川險易之數，因此酇侯功最高而位躋諸將之上，（註一）得圖書而知其利尤，不如得圖書而知其病。明代東南沿海，其患在倭；薊、寧、幽、燕，厥患在虜；中州晉、楚，又患在寇。就倭而言，漢、唐以還，不時遣使西來納貢，移植中華典章制度，吸取中國高度文化，歷久而彌盛。迄至明代，倭寇、海寇猖獗。明太祖朱元璋曾於洪武四年（一三七一）實施下海通番之禁，（註二）凡擅造二桅以上違式大船，及攜帶硝黃、軍器等違禁貨物下海。前往他國買賣，潛通海賊，爲其嚮導劫掠良民者，處以重罰。（註三）然東南濱海之地，以販海爲生，其來已久，而閩爲甚。閩之福、興、泉、漳，襟山帶海，田不足耕，非市舶無以助衣食。其民恬波濤而輕生死，亦其習使然，而漳尤爲甚。前此海禁未通，民業私販，吳越之豪，淵藪卵翼。橫行諸夷，積有歲月。海波漸動，當事者因爲厲禁。然而急之以致盜興，盜興而倭入。嘉靖（一五二二～一五六六）之季，其禍蔓延，攻略諸省，荼毒生

靈。致煩文武大師，殫耗財力，日尋干戈，歷十有餘年，而後克底定。（註四）職是之故，明人之研究河防、海防、邊防、省藩、兵制、武備、倭情者輩出而著有成績。其中以鄭若曾《籌海圖編》十三卷，鄭舜功《日本一鑑》〈�島新編〉四卷、〈窮河話海〉五卷、〈桴海圖經〉三卷，采九德《倭變事略》四卷，徐學聚《嘉靖東南平倭通錄》等較著，流傳亦較廣。然除此外，如侯繼高《全浙兵制考》五卷附《日本風土記》五卷，朱紈《甓餘雜集》十二卷亦甚重要，只因其佚存海外而國人無從閱目而已。就南明鄭大郁所著《經國雄略》四十八卷而言，其情形亦復如此。近日爲編校《明代倭寇史料》，於東京淺草文庫獲睹大郁此一鉅著，故特爲文簡述其內容，以供研究明史、明代中日關係史者之參考。

二、著《經國雄略》之目的

鄭大郁，字孟周，自稱觀舍主人。福建溫陵（泉州）人。《明史》無傳，方志亦無片紙隻字之相關記載，故其生平已不詳。如據本書〈自序〉，大郁以布衣之身，逢明末戎馬倥傯之際，而寇賊四起，人民塗炭。更有進者，吳西平結虜恢復一策，驅虎逐狸，狸竄而虎無能保其不反噬之兇。而當時燕京，旋復旋夫，寇既去而虜復來，蒼黔不堪罹此創痛。自來禦虜者利速戰以折其氣，禦寇者欲勿追以攜其心。禦之不得其道，虜與寇之爲患同，不能借亂已亂。際此國家緩急之際，欽命鎮守福建等處幷浙江金溫地方總兵官太子太師勅賜蟒衣南安伯石江鄭芝龍，雖雄於楫略，復偉於廓清，然時勢至此，亦良可寒心。故大郁總角時，每恨蟣肝風脛不獲，奮溟海而慕垂天空恃筆，偃蹇不前。夙夜以思，捫心負愧。乃廣搜異紀，得熟按輿圖，雖河山繡錯，而形勝洞目徹心。爰詳探要領，隨所在風氣利病。其有關國家安危者櫽括之各爲繪圖，分別論著。他如天經地紀，富國強兵，撫字安攘之略，治道、兵政、華夷、邊關、水利之務，以及古祕、器用、物數之微，莫不考核，經集百家，摭其幽奧，有若借著畫米者然。彙成編次，藉此以爲治平之宏軌。由此，審堂上之陰而知日月之次序，見瓶中之冰而識天下之寒暑，洞灼天下之安危利病。（註五）故雖古所稱酇侯功高，但斯編何多讓焉。鄭芝龍〈序〉謂：

孟周是編，搜羅古今，援證天人，與夫山川形便，安攘富彊，極之帆海絕徼，靡不詳載考圖，俾留心經國者，讀此備知窮變度險，孚號忠志，協佐中興，殆虛語哉！史稱岳武穆班師還鄂，兩河豪傑，太行忠義，率人歸之。縣是金人動息，山川險易，武穆咸得其實。我皇上（福王）果能推誠信任，更得其所任之將如岳武穆、鄧耿其人者，將見非嘗之略展，非嘗之功立，則是編《經國雄略》，誠有裨於乃心王事者之一劵也，功豈淺鮮乎哉！

大郁在〈自序〉文末所紀日期爲「乙酉三月」，且有鄭芝龍〈序〉，則此「乙酉」應爲福王弘光二年（唐王隆武元年，清世祖順治二年，一六四五），故此書之完成應在南明之際。

三、本書選材之標準

本書〈紀例〉謂：

登高而唱同心之調，爭看雲擁丹霄；借響而吹含沙之矢，詎少泥沈濁水。處錞抱棘者，既震慴於口噴之戈矛；躍冶囊錐者，復麤寢於筆談之雲雨。臭味隨齒牙而互轉，升沉若氣運之相催，何溷淆也。茲獨擊肥烹鮮，刻晴摘腎，取其深切時艱，有裨今日匡復宏謨者，悉載之，如徒華而無實，不概不錄。

又謂：

圖得考始明，考因圖益著，二者廢一不可。是編博搜異授，以至皇輿典誌，經文講武之書，咸爲繪圖考訂，分門別部，逐榦尋枝，標本不紊。

因著者痛心皇祚，中間取人之說可信，與夫人有可信，亦深於自信者，乃爲之立說斷獻，曰：「某題末議」。

黃石公曰：「世能祖祖，鮮能下下」。所謂下下，乃務農桑而不失其時，薄賦稅而不匱其財。以勞逸民，則忠信孝悌之良，可制挺而撻堅利。仁者無敵，王者之始；百姓足，君孰與不足？故大郁乃溯本窮源，援今證古，闡明平準遺書，啓復井田舊制。他又鑒於百萬貔貅，有時而風兵草甲，千古芻糧，反不如河鑠半籌。固知天府百二，每資英雄控扼之爲要。否則雄關紫塞，豹纛無靈；長江天塹，可以飛渡。此獨備詳險巇，洞灼淵嶽。故凡有關於國家安危一線者，亦悉訂於篇，庶廣稽按。

大郁復以爲西北善騎，東南善水，乃習性使然。古時遏騎莫若車，濟流莫若舟。西北運有足之城，東南駕不飼之馬。因勢乘利，其法至善。故乃偏箱鹿角，海鶻艨艟之具，咸爲繪圖考制，編入如例。就軍隊而言，兵不素練，不可以應率；器不堅利，徒手不可搏賊。而訓練鼓舞之方，當在上而不在下。

茲則煅鋼鑄鐵，武備大修，亟講未然之防，用鋤意外之率。

此外，著者又將輿地邊徼，撮合全圖一幅，令讀本書者詳略大概。將見河山萬里，紙上相逢；援古證今，指畫如券。當不啻因鏡鑑形，自家面目生來不可接見者。此際歡逢鏡裏，妍媸自辨。

大郁更認為食人之食者，死人之事。毛士載生成之恩，江湖無逃雨之誼。因論當時忠臣孝子，紳衿臣庶，必有必盡之倫者。且值君危事急，禍不忍言。故彼志士仁人，忠勇俠烈之士，應以保室家之計保君父，以死盜財之身死社稷。輸財輸力，效謀忠勇，以報答明朝二百八十年來生聚教養之澤。故此書乃取當事宏謨無忠不抒者，簡入選中，嚴訂刊廣，用佐中興。且認為一部《經國雄略》，賢於十萬部隊甚遠。企仰治平，端其有待。

四、本書之內容

《經國雄略》四十八卷，共分：〈天經考〉、〈畿甸考〉、〈省藩考〉、〈河防考〉、〈海防考〉、〈江防考〉、〈賦徭考〉、〈賦稅考〉、〈屯政考〉、〈邊塞考〉、〈四夷考〉、〈奇門考〉、〈武備考〉十三部門，然後再予細分，更以卷第序之。

〈天經考〉三卷，敍述天經、占象、陽九、七政、太陽、太陰、星辰、斗宿、分野、渾天、天極等自然景象。

〈畿甸考〉五卷，言畿甸、南畿、南宜隸、金陵形勢，南都、江北、江南、蘇松等之地理位置，地理形勢，險要處，備禦情形，與夫明代兵制，五軍都督府，親軍衛，兵餉，歷代國都等。並於適當處附圖，以增讀者之瞭解。

〈省藩考〉四卷，紀河南、山東、山西、陝西、四川、湖廣、江西、浙江、福建、廣東、雲南、貴州諸省之藩府，府屬管轄考，匡復及備禦、綏撫等末議，且各附圖以爲補充說明。

〈河防考〉四卷，言河源、河防、治河、漕運、漕倉、管運考、歲運定額、西北水利、漕運末議、清除漕弊等項目。

〈海防考〉三卷，除述及海防外，兼言沿涯信地考與夫吳淞、奧東海防、海運、占驗、潮信、江北潮侯、浙東潮侯、商復海運末議等。

〈江防考〉三卷，紀江防、江防末議、大江防禦、江防備考圖、沿崖信地考、三吳水利、江防急務、長江要地考等篇什。

〈賦徭考〉二卷，記載賦徭、田賦、徭役、戶口、民數、黃册數例、黃册戶口、事產、册規、請定天下田賦等而繁簡不一。

〈賦稅考〉二卷，除言賦稅、輸賦、鹽鐵、鹽政外，兼及錢楮、鈔法、馬政、井田軍馬、茶法等問題。

〈屯政考〉二卷，分別探討屯政、邊屯、屯田、屯田末議，淮鳳墾田，清理陝西軍屯、並言屯田書、官田（註六）、荒田、軍田、洲田（註七）、竈田（註八）、群田（註九）、僧田、勳田、吏田（註一〇）、皇莊田諸問題。

〈邊塞考〉五卷，除言邊塞、九邊問題外，對遼東、遼左、遼陽、薊州、朶顏、宣大、宣府、大同，內三關、榆林鎮、寧夏、畿輔、西寧、甘肅、肅州、甘州，與夫管轄亦了考察。

〈四夷考〉二卷，則分別考察安南、交阯、交州、兀良哈、朝鮮、琉球、韃靼、沙漠、西域、哈密、西番、日本、倭情，以及東南、西南夷圖，而其所考者頗爲詳盡。

〈奇門考〉三卷，除言奇門、頓法、遁法、運數外，又言出兵日斷、日用選期、陣法。而陣法又析爲長蛇、混元、梅花、鴛鴦甲、八陣、牽然蛇、魚麗、五行、天地人、四武衛、疊沖、五方行等陣，以及陣法變動。

〈武備考〉九卷，除地紀、地脈、山嶽、川注、皇輿總紀外，又言各種武器之用法、變法、陣法、攻敵方法、舟制，車制等。

上舉各篇，敍述言簡意賅，使人一見便知其概而頗得要領。

五、本書之特色

明代有關國防、外夷的著作，大多僅針對某一方面之問題而加以探討，殊少涉及其他方面。如前舉《籌海圖編》，其內容俱爲有關倭寇入侵之情形，明朝部隊征討彼輩之經過，與夫相關之言論。《日本一鑑》則除在其〈絕島新編〉介紹日本國情外，在〈窮河話海〉中所敍述者，乃與奸民勾倭、通倭有關事項，及中、日兩國使節來往之情形。《甓餘雜集》所紀錄者，除若干篇為作者朱紈擔任南贛地方御史時所上有關討伐盜賊之奏疏外，俱為其奉命擔任浙江巡撫以後，執行海禁政策時所遇挫折與困難，及討伐倭寇，掃蕩倭寇淵藪，奸民通倭情形之報告。至於《倭變事略》、《嘉靖東南平倭通錄》等書，則如書名之所示，均與討伐倭寇有關。

然此《經國雄略》之內容，卻如前文所示，與上舉諸書不同而所涵蓋之層面較為廣大，故不僅可從本書瞭解倭情，亦可從而得悉其相關問題，對瞭解當時中國之海防、江防、兵制、兵餉、航運、財稅、武器、船隻之情形有莫大裨益。

就海防而言，大海汪洋，波濤萬里。海國產魚鹽之利，東南駕不飼之馬，而海之為國利大。但防禦非善，則倭與寇往往由之而來。倭在陸上不能與北兵角逐，乃其騎不若所致，水不能與南兵角逐，則是其舟不如中國使然。故南當扼之於海，北當殄之於陸。明初，愚民向內之意未堅，往往縷倭以掠乎中國，故信國公湯和，徙之。（註一一）此後二百餘年，漸沐厚德，驅之猶不肯向倭。北方利用陸，廣開水田，變斥鹵為良畝，築堡戍守。萬曆壬辰（一五九二），倭之武將豐臣秀吉入侵朝鮮，據八道，掠王子。朝鮮請援師甚急，特遣經略以往，且派數十萬大軍馳援。會秀吉死，兵乃得息。（註一二）因此，大郁以為制倭於內，不若禦倭於海，士卒入海，效死莫逃。洪艟巨艦，勢易凌賊；毒藥火器，且戰且焚；賊載水而飲，不能閱久待鹵。故其認為誠能守舟山群島之馬蹟諸山以控揚，守大堵諸山以衛越，守陳錢諸山制賊往來之衝，夾擊互救，三道鼎峙，賊不足防矣！（註一三）他又舉出當時海防弊端之所在，與夫補救之法。更提出具體辦法，何處應加強兵備，何處宜補充兵員，何處該添設武器，均有所說明，以爲當局之參考，使讀者從而得知當時海防之虛實，及某處容易肇亂之因素。

長江天塹，以天限而分南北，故能使半壁江山粗安。然若流寇煽焰，志漸窺伺，使舟楫之利，寇與我共，則江南不可高枕而臥。昔人謂長江猶率然蛇然，荆門爲首，狼山爲尾，九江、安慶爲脊。如欲首尾相應，呼吸無隔，必自沿江要害，星列碁布，置鎭置兵，規制盡善，殆無疑慮。因此，大郁對何處宜設天塹之險，何處宜爲堂奧之封，使爲藩籬之固；何處定列陸兵，架火器以待賊黨；何處宜布舟師，與岸兵相爲犄角，均有具體說明。而自黃河以南，大江南北扼要周圍，凡有裨於當時者悉載於此。並附圖多幅，以說明各險要處，及各處官兵信地之所在，使人一目了然。

民之所以供上之令者爲租、調、庸。租者地之所當出，調者兵之所當費，庸者歲之所當役。故使之納粟於官，以爲田之租，人入布帛以爲兵之調。歲役其力，不役，則出其日之所值爲役之庸。此三者，農夫皆兼爲之。而遊惰不作之民，亦不免於庸調。運調漕遠，天子不知其費，而一出於民。民歲役二旬，而不役者當帛六十尺，民亦不至於太苦，故隋唐之間有養兵之困，而無興役之患。及後世變法爲兩稅，以至於明末。天下非有田者，不可得而使，而有田者之役，亦不過奔走之用，而不與天子之大事。天子有大興築，有大漕運，則嘗患無以爲使。故寡冗兵以供力役之急。於是國有武備之兵，而又有力役之兵，其所以奉養之具，皆出於農。而四海之遊民，無尺寸之庸調。爲農者曾使陰出古時遊民之所入，而天子亦曾兼任養兵興役之大患，故兵役之弊，以明末爲極。大郁除於〈賦稅考〉、〈賦徭考〉陳其弊端外，亦提去弊之法，此乃他書所鮮見者。

凡天下之事，思其患而預防之，則其業可久；因其弊而改作，則其功易成。朱元璋定鼎金陵，貯天下之册於後湖之中洲。既立法以爲之防，復設官以司其事。炊爨有焚火燭之禁，湖水注放，舟楫往來者有禁。而後歷代相承，綜之理之，其法寖備；維持防範，至精且嚴。故長久以來，各處册籍類多散件廢缺，而後湖之册，至明末而尚全。(註一四)黃册所載，至爲浩繁，其大要則天下之人丁、事產而已。人丁即人口，即前代之戶口，事產即前代之田賦，然不稽諸古，無以見當時之盛。(註一五)故大郁乃採經傳所錄者輯爲〈民數考略〉，且將當時人丁、事產之事詳備其數。此於研究明代戶口、財稅等當有莫大裨益。

兵者所以明德除害，故舉得於外則福生，於內不可不慎。暴師日久，將士馬牛食費，月用粉谷魚鹽交槀之類，何只數十萬斛石。難久不解，徭役不息，又恐他夷來襲。卒有不虞之變，相因並起，爲君父憂，誠非素定，廟勝之算。況明時虜寇衝突，易以計破，難以兵碎。擊之未便，莫若罷騎兵，屯田待其斃。(註一六)故大郁以爲彼時當商榷者莫如屯攻。言：

夫以今日之屯，救異日之饑，自古行之者夥矣！……有其人則法出，有其法則政行，否則屯政不復。雖日進月進，豈能優左藏之盈，而一發再發，可以濟邊疆之急也哉！(註一七)

且言屯有五利五害，(註一八)而所尤急者爲邊屯。因此，大郁乃引〈九邊屯政考〉及墾田疏之若干篇什，亟言屯田之爲裕國之長策。故覽此篇什，對明代墾田情形自有一番瞭解。至於官田、荒田、軍田、洲田、寵田、群田、僧田、勳田、吏田、皇莊田之應各作如何營運，亦有具體詳細之敍述。

謀臣之於事，未然而畫，則爲之計利害，籌多寡，視遠、視近、較彼、較我，若大賈行貨，度三五之數，而等貴賤之利。其畫，定而舉，不以譖奪，不以禍怵，迅往迅來，飄飄乎若鷙鳥之搏，若峽水下舟之放而急。故始無輕發，終鮮隳事。（註一九）明朝驅逐胡元，混一區域，東至遼海，西盡酒泉，延袤萬里。中間漁陽、上谷，雲中、朔、代，以至上郡、北地、靈武、皐蘭、河西，山川聯絡，列鎮屯兵，帶甲四十萬，據險以制諸夷。初設遼東、宣府、大同、延綏四鎮，繼設薊州、寧夏、甘肅三鎮，復以山西鎮巡，統馭偏頭三關，陝西鎮巡，統馭固原，亦稱二鎮，遂爲九邊。（註二〇）明朝外患，固爲南倭、北虜，但至末年，其患無大於東奴者。然未於東奴問制禦，先於中國問強弱。中國強，則奴之愚中國者，中國反因之以愚奴。中國弱，則中國之勝奴者，奴借用之勝中國。因夷虜無百年常勝之運，中國有一朝自振之機。職是之故，固圉強兵，用火用間。禁召募，練土著，奮中國之強，振邊圉之弱，實乃明末不可不亟講者。（註二一）因此，大郁乃分析敵我之優劣，與夫中國宜採之方策，並附圖以補充說明。據此不僅可知當時遼東之情勢，亦可瞭解明末邊防之梗概，及兵員配置之詳情。

中國臨蒞以撫，而四夷拱極於外，其種類名目甚夥，有東夷，有東南夷，有南夷，有西南夷，有西夷，有西北夷，有北夷，有東北夷。其並育於普天化日之下，臣服奉朔、奉貢，其崛強虎踞，始謹於內服而終怠者胥有之。故大郁乃爲之總紀，附圖以備參考。就日本而言，該國自漢魏以來，即通中國。元初，許其貢市，乃至浙江四明，沿海而來，與中國人貿易，不滿所欲，輒焚燬城廓，抄掠居民，爲害最大。世祖曾先後遣殷弘、黑的、趙良弼、杜世忠等人東渡招諭，而終不至。故於至元中前後兩次遣兵東征俱失敗，於是終元之世不通中國。（註二二）迄至明朝，倭寇出沒海島中，侵掠中國東南沿海，殺傷居民，劫奪財貨。太祖曾一再遣使東渡招諭，而倭寇寇掠如故。惠帝時，其幕府將軍足利義滿遣使來，並獻被倭所擄之中國人。（註二三）自此以後，義滿自稱「日本國王臣源道義」，奉表納貢，其意誠懇，斯須不稽。殄寇盜於海島，安黎庶於邊隅。並海之地，雞犬得寧，烽警不作，皆道義之功。（註二四）然義滿死後，恭承朝命之舉已不復見。其西來雖仍採朝貢方式，但唯貿易之利是圖。故往往違反明朝規定，一味要求增加朝貢次數，船數與人數，逐漸顯露其經濟需求之面目。所以不僅不似義滿時之逮捕倭寇呈獻，反而在往返北京途次屢有暴行。其國人爲爭貢船貿易之利，非僅在國內勾心鬥角，且延伸至中國。故於嘉靖二年（一五二三）來貢時，遂引發寧波事件。因浙江各職官事先不能防禦，臨變不能剿捕，漫無籌措，坐失機宜，以致荼毒生靈，占據城池，劫奪庫藏，燔燒官府，戮害將臣，擄走武官。辱國損威，莫此爲甚，（註二五）至倭患漸劇，明廷乃以朱紈爲浙江巡撫，擔負取締倭寇之大責重任。（註二六）紈採革渡船，嚴保甲，搜捕奸民（註二七）之措施，引起閩、浙大姓之勾結倭寇，與從事走私勾當者之不安忌恨，遂共謀排斥他。結果，紈失位而其嚴厲海禁遂寢而不行。（註二八）

紈被黜後，數年之間不復設巡撫，直至嘉靖三十一年（一五五二），鑒於倭寇猖獗的嚴重，乃命僉都御史王忬擔任斯職。然忬對倭寇激烈的寇掠已束手無策，（註二九）終於進入所謂嘉靖大倭寇時期。忓後，李天寵、張經、周琉、楊宜等人先後擔任此一職務，於三十五年二月，胡宗憲繼其任。（註三〇）宗憲計捕徐海、陳東、麻葉等渠魁，並遣蔣洲、陳可願赴日招降倭寇頭目王直。（註三一）於是倭寇的擾害乃從兩浙轉移閩、廣，終因俞大猷、戚繼光等人之討伐而逐漸平息。不久以後，沿海居民方得安堵。惟至萬曆十九年（一五九一）五月，福建長樂縣民朱均旺，客居琉球之華人陳申（或作甲）等人，赴福建巡撫趙參魯臺報云：

倭首關白豐臣秀吉，驍勇多謀。數年以來，已併海中六十餘島州，今已調兵刻期，約明年併朝鮮及遼東。（註三二）

等情。明年四月，倭果渡海，屯絕影島諸處，以犯朝鮮。朝鮮君臣，素逸樂不為備，且於哨報倭情時多所隱瞞，（註三三）致明朝未能即時遣軍馳援。而朝鮮屢戰屢敗，未及一月，國都即為賊所陷。幸經兵部尚書石星等人力主遣兵援救，（註三四）經前後七年兩次戰役，倭兵方纔披靡。又因秀吉死，始退兵跼蹐於其海島。大郁對其間經過，亦作簡要敍述，並附圖多幀以為補充說明。故於披閱此段文字後，對有明一代之中、日兩國關係，自可獲概略性之通盤瞭解。

就〈武備考〉而言，太刀之法，不只千百，其用獨在習之者。因訛傳訛，遄遄炫奇耀彩，令旁人見之者，皆以為其技飛舞絕倫，無不拍案稱奇。因此言法，蔑有濟矣！以是大郁乃不憚煩，細細推尋，專求入彀，務獲有用之效。（註三五）於是以圖解方式，說明各種刀法，刀破刀法，刀破鈀法，鈀法、鈀破刀、破鎗法、狼筅用法，藤牌用法，以及拳經，製造各種武器的要訣，火藥之配製等等，無不詳細說明。書後亦附錄晉江人俞大猷之〈劍經〉、〈俞家棍法〉、〈棍法之變〉、〈順勢借刀之變〉，以及豫章周景禎撰之〈長鎗〉、〈楊家鎗〉、〈八母鎗起手勢〉、〈長鎗制〉、〈明堂開講〉等篇什。故不僅對研究明代武器、戰術裨益良多，對有志習武者而言，如能熟讀此一部分之篇什，則對其所學必有莫大助益。

前文已說，古時國人，西北善射，東南善水，習性使然，亦地形地勢使之然。而其製互異，有廣大而堅，利在上壓，艱於衝突；有輕小而駛，利於飛擊，患在衝沉。大小之分，各有所忌，惟在制之者善。吳楚揚越之間，俗習水戰，故吳人以舟楫爲輿馬，以巨海爲平道，是其所長。大郁以爲：

> 大凡水戰，用船艦大小爲等，勝人多少，皆以米爲運輸。每軍各裝米一石，帆櫓輕便爲上，以金鼓旗羽翼左右。一與敵戰，則有樓船鬥艦，走舸海面，以衝敵人先鋒之遊艇。其器則有拍竿爲便用，利順流以擊之。諸軍視大將軍之旗，立前，亟聞鼓，進，旗立，聞金則止，旗偃則還。若先鋒遊奕等船爲賊所圍，以須外援，則視大將軍赤旗，向賊點則進，每點一船進，旗前，亟不舉，則船徐退。旗向內點，每點一船退，若張疑兵，則於浦尼廣設旌旗帆牆以惑之。（註三六）

此固爲水戰之法，卻可由此得知明代水軍作戰方式，此於戰史研究，當有參考價值。此外，大郁對福船，海滄船（一名草撇）、沙船、樓船、鬥艦、蒼山船，艟艡船、廣船、大頭船之名稱由來，及其規模、性能，均有所說明。且附各該船之圖式，以明其概。更述及夷舟，如佛郎機甲板大船、叭喇唬船等，兼言其規模、性能、型式，此爲他書之所未見，乃研究明代葡萄牙人之船制的最佳資料。

兵法謂：「軍勝馬，馬勝步。」此因以步兵技守擊刺而馬有踐蹂之勢，故步不如馬。車則能禦馬之踐蹂，而又有銃砲之雄器，擊刺之精兵，追逐之馬兵。而車則兼乎馬、步之長且有之，故非馬之所能敵。故大郁乃議車制。他以爲：

山川平曠，門庭寇至，車戰爲宜，然又不可用大車。以萬人爲一軍，戰車須五百餘輛。用步軍駕拽，行則縱以爲陣，止則環以爲營。所齎器械、衣糧，不須人力。又選勇壯者爲遊騎，虜合而對壘，則鎗、砲、弓、弩，並力齊發。虜散而擄掠，則出兵邀擊，互相救應。運有足之城，策不飼之馬，固守邊之良法。（註三七）

且言用車之法，與夫雙輪車、遍箱車、元戎車、小戎車、巷戰車、槍車、鎗車、運乾糧車、象車、虎車、獨輪車等各種車制，以及車陣等。據此以觀，明代戰車與其作戰方式，當可瞭若指掌。

龜手之藥，足以取封，兵家之術數，非可諱談，言奇門也。故得其旨，則三才之式，惟我所用。陰取爲陰機，陽取爲陽機，無在而已。非制人之術，運其微，則九宮之變，惟我所旋。逆用爲逆奇，順用爲順奇，無往而非必勝之謀。雖言分之，不免於甲乙，而不知合之實爲白慮而一致。九天九地之機緘，故不可易而言之。（註三八）惟天地之爲動靜，乃一大呼吸。人之爲呼吸，則是小天地。（註三九）所以兵家之機緘，誰非三才之互運？然世上賈虛名者不如此爲。以爲車攻則車，火攻則火，而不知其爲效顰。父書則讀，故墨則循，而不知膠柱。臨戰陣，蹈死地，而不知驚傷慭以自衂，履驚門而不備，犯杜門所從違，而乃歸咎於兵法之不濟。（註四〇）職是之故，大郁乃對兵法有所說明，並舉例、繪圖以言計陣方式，及作戰陣法。此於古代戰術之研究，獲益必有可觀者。

六、結語

以上乃就鄭大郁纂輯《經國雄略》之目的，選材之標準，所敍述之內容與其特色作簡單的介紹。由此可知，本書搜羅古今，援證天人，與夫山川形便，安攘富強，極之帆海絕徼，無不詳載考圖，而尤詳於河防、海防、江防、邊塞、四夷、奇門、武備方面。其所以如此的原因在於當時：

> 藁目扼腕而談者，當無踰於東事矣！東事一日未靖，則朝廷左顧之憂一日未紓。主憂臣勞，此忠又所爲日夜兢兢，而未遑寢處者也。顧緜陸而言，則在金湯之固，籓籬之限矣！而汪洋瀚灝之區，亦夷虜之捷徑也。邇者守旅順，守天津，守通州，守山海，樹四重臣於四衛，而以一經略統攝之，非不稱善矣！然守非四塞之固，不謂之守，則大海之防，烏可不亟亟也。若猶似往者旁觀衆而指點多，使當局莫知所歸，抑未鑒夫議論未定，我已渡河之轍乎！（註四一）

亦即在明末戎馬倥傯之際，爲擊攘來自東北的強敵，而不得不在此一方面多所論及，使留心經國者在閱讀本書以後，可備知窮變度險，孚號忠志，協佐中興。而作者憂國憂民之眞誠，躍然紙上。而大郁在本書所附〈賦徭考〉、〈賦稅考〉、〈屯政考〉、〈邊塞考〉、〈奇門考〉、〈武備考〉諸篇什，不僅對研究明代中日兩國關係有裨益，而且對當時賦役、財政、屯政、邊防、武衛、舟艦、武器等方面之問題，也提供許多寶貴的資料。又，由於它尚提及佛郎機之船制，與學習武術者所必需瞭解之各種招式、要訣，故其所討論之範圍相當廣泛，且頗能顧及當時之需要。因此可說，大郁對當時經國方面的各種思慮相當縝密而周詳，可謂用心良苦。我們如能加以細心閱讀，則對自己的研究，所獲裨益必非淺鮮。（漢學研究中心已自淺草文庫將本書影印架藏）

註釋

註一：《史記》（臺北，鼎文書局，標點本），卷五三，〈蕭相國世家〉，第二三。

註二：《明史》（臺北，鼎文書局，標點本），卷九一，〈兵〉，三，「海防」云：「洪武四年十二月，命靖海侯吳禎，籍方國珍所部溫、台、慶元三府軍士，及蘭秀山無田糧之民，凡十一萬餘人，隸各衛為軍，且禁沿海民私出海。時國珍及張士誠餘衆，多竄島嶼間勾倭為寇」。

註三：明太祖勒撰，《大明律》（明隆慶二年重刊本），卷一〇，〈戶律〉，「船商匿貨」條；卷一五，〈兵律〉，二，「私出外境」條。朱紈，《甓餘雜集》（明萬曆間刊本），卷二，〈議處夷賊以明典刑以消禍患事疏〉。《明史》，卷二〇五，〈朱紈傳〉。

註四：許孚遠，《敬和堂集》（明崇禎刊本。收錄於《明經世文編》，卷四〇〇），卷一，〈疏通海禁疏〉。

註五：鄭大郁，《經國雄略》〈自序〉。

註六：官田，官田之名，各地不一，此專言河塘壖堰及沒官地土，原不屬民者。

註　七：洲田，江中沙洲之田。

註　八：竈田，各場竈丁開墾草蕩而成之田。

註　九：群田，以牧馬草場開墾而成之田。因屬群牧，故稱群田。

註一〇：吏田，罪吏所屯之田。

註一一：《明史》，卷一二六，〈湯和傳〉，洪武十八年條。

註一二：鄭樑生，《明史日本傳正補》（臺北，文史哲出版社，民國七十年十二月），頁七〇九～八八八；《明代中日關係研究》（同上，民國七十四年三月），頁五七八～六五三；《明・日關係史の研究》（東京，雄山閣，昭和六十年），頁四四六～五六三。

註一三：鄭大郁，前舉書，〈海防考〉，卷一。

註一四：鄭大郁，前舉書，〈賦徭考〉，卷一。

註一五：鄭大郁，前舉書，〈屯政考〉，卷一。

註一六：同註一五。

註一七：同註一五。

註一八：鄭大郁，《經國大略》〈屯政考〉，卷一云：「屯有五利：闢污萊以增稅，養丁壯以寓兵，戶口可增，利一。流移漸還，人自爲保，而邊塞可固，利二。窌廩倉庾，藏於阡陌，無一石二十鍾之費，利三。粟積而人聚，班戍可蘇，勾稽可罷，利四。邊備既足，可以漸減東南漕輓，以舒民力，利五。屯有五害：禾黍未登場而虜患馳突，蹂踐有莫可必者，害一。或蝕於家丁之抑勒，而筐篚空存，因於主兵之好逸，而溝塍不歷，害二。開墾阡陌未成，名已在册，此咎在催徵之太急，害三。舊田淪江海者，田去而課存，其人流亡；田不耕者，人去而課在。於是責收於他畝，而良疇亦荒；責償於他戶，而見在亦亡。連區接壤，大抵皆爲斥莽矣！害四。其或脩邊太急，而督責以緊關難竣之工；撤放太遲，而跋履於暑雨怨咨之日，有不即於困踣乎？害五」。

註一九：鄭大郁，前舉書，〈邊塞考〉，卷一。

註二〇：鄭大郁，前舉書，〈邊塞考〉，卷一，「九邊」條。

註二一：鄭大郁，前舉書，〈邊塞考〉，卷一，「遼東」條。

註二二：《元史》（臺北，鼎文書局，標點本），卷六，〈世祖本紀〉，三，至元三年八月丁卯條；五年七月丙子，九月己丑條；六年七月癸酉條；卷七，〈世祖本紀〉，四，至元九年二月庚寅朔條。卷八，〈世祖本紀〉，五，至元十年六月戊申條；十一年三月庚寅條；十二年二月庚戌條。卷一一，〈世祖本紀〉，八，至元十七年二月己丑條；同書卷一二、一三、一四之相關記載；卷二〇八，〈高麗傳〉、〈日本傳〉；以及《新元史》、《高麗史》、《高麗史節要》等史乘之相關記載。

註二三：瑞溪周鳳，《善鄰國寶記》（續群書類從本），應永八年〈遺明表〉。

註二四：瑞溪周鳳，前舉書，明惠帝建文四年；成祖永樂二年、四年、五年、六年〈大明書〉；永樂六年〈祭足利義滿文〉。

註二五：夏言，《桂洲奏議》（明嘉靖間刊本），卷二，〈請勘處倭寇事情疏〉。

註二六：《明世宗實錄》（中央研究院歷史語言研究所，影印本），卷三二五，嘉靖二十六年七月庚戌朔丁巳條。《明史》，卷二〇五，〈朱紈傳〉；卷三二二，〈日本傳〉。王婆楞，《歷代征倭文獻考》（臺北，正中書局，民國五十五年，臺一版）所引《通鑑明紀》。

註二七：朱紈，《甓餘雜集》，卷二，〈閱視海防事疏〉、〈議處夷賊以明典刑以消禍患事疏〉。

註二八：《明世宗實錄》，卷三三八，嘉靖二十七年七月甲戌朔條記載朱紈失位之經緯云：「初，浙江既設巡撫都御史，兼管福建海道提督軍務，以朱紈爲之。乃御史周亮，給事中葉鏜，先後俱言不便。亮謂：『紈原係浙江巡撫，所兼轄者止於福建海防。今每事遙制諸司，往來奔命，大爲民擾』。鏜謂：『紈以一人兼轄二省，非獨閩中供應不便，即如近日倭夷入貢（指策彥周良一行），艤舟浙江海口，而紈方在福建督捕惠安等縣流賊，彼此交急，簡書狎至。紈一身奔命，已不能及矣！今閩、浙既設有海道專官，苟得其人，自不必用都御史，若不得已，不如兩省各設一員』。吏部覆言：『浙江舊無巡撫，去歲無故添設，諸臣一時依違議覆，以致政體紛更。今依擬，朱紈仍改巡視，事寧回京。凡一切政務，巡按御史如舊規行』。」《明史》，卷二〇五，〈朱紈傳〉則云：「吏部用御史閩人周亮及葉鏜言，奏改紈爲巡視，以殺其權。」

註二九：《明史》卷三二二，〈日本傳〉，嘉靖三十一年條。

註三〇：《明史》，卷二〇五，〈胡宗憲傳〉；卷三二二，〈日本傳〉，嘉靖三十五年條。

註三一：《明世宗實錄》卷四三七，嘉靖三十五年七月丁巳朔戊午條。《明史》，卷三二二，〈日本傳〉，嘉靖三十五年條。

註三二：侯繼高，《全浙兵制考》，附《日本風土記》所錄〈近報倭警〉。《明史》，卷三二二，〈日本傳〉。

註三三：請參看鄭樑生，〈明萬曆間朝鮮哨報倭情始末〉《淡江史學》，創刊號，民國七十八年六月。

註三四：《明神宗實錄》，卷二五三，萬曆二十年十月丁亥朔壬辰條。《國朝寶鑑》（漢城，一九七六年），卷三一，宣祖二十五年六月條。

註三五：鄭大郁，《經國雄略》〈武備考〉所錄「青龍偃月刀」條。

註三六：同上，「舟制」條。

註三七：同上，「車制」條。

註三八：鄭大郁，前舉書，〈奇門考〉所錄「奇門」條。

註三九：同前註。

註四〇：同前註。

註四一：鄭大郁，前舉書，〈海防考〉，卷一，「海防」條。

唐代學制對日本古代教育的影響

一、前言

日本女皇推古（五九二～六二八在位）即位以後，以聖德太子爲攝政。聖德鑒於當時隋朝已統一中國，朝鮮半島的新羅亦已逐漸茁壯，乃欲謀自強以爲因應。故除積極整頓內政外，復於煬帝大業三年（推古天皇十五年，六〇七），以大禮（註一）小野妹子（註二）爲遣隋使至華朝貢。自此以後，中、日兩國的正式邦交便揭開序幕。隋亡，唐興，此一邦交繼續不斷。隋唐時代，中國與日本的往來頻繁，中國因而有更多機會觀察此一鄰邦之優點，（註三）日本也經此往來而學習中國的高度文化，並模倣、移植中原的典章制度，從而提升其國民日常生活的品質，加速其國家的制度化，終於步上律令國家（註四）之路。

聖德太子的整頓內政雖因與權臣蘇我氏妥協，致其成效不彰，卻也給稍後之大化革新奠定了基礎。孝德天皇（六四五～六五四在位）元年（大化元年，六四五），中大兄皇子（註五）與中臣鎌足（註六）謀，利用三韓使節覲見其天皇之際，誅殺權臣蘇我入鹿。（註七）其後即著手革新政治，企圖使其國家更上一層樓。中大兄等人從事政治改革時所涵蓋的層面相當廣闊，舉凡政府組織、官制、土地制度、稅制、兵制、學制、刑罰等無不涉及，而這些改革無不以唐朝制度馬首是瞻。如要將其改革——加以探討，所佔篇幅必多，因此，本文擬僅探討其教育制度方面的問題以就教於方家。

二、大化革新以前的學問傳授

自從小野妹子於七世紀初至華通聘以後，在有唐一代，日本中央政府曾經派遣過十八次遣唐使而實際成行者十五次。由於當時遣使至華的目的在於吸收中原文化，以爲改革其庶政之準繩，故當時至華的使節不乏學養俱佳之人士，及許多留學生、留學僧。那些至華留學的，可分爲短期留學與長期留學兩種。所謂短期留學，就是跟隨其遣唐使西來，當該使節完成使命回國時即隨之東歸。此類留學生因停留中國的時間短暫，故多作某一專題研究，亦即多半爲解決其平日所遇到的疑難問題而來。長期留學者則滯留中國的時間較長，等到下一次遣唐使回國時方纔隨其返日。當時的留學生、留學僧的留華期間大都相當長，例如：隨小野妹子第二次奉命朝貢中國時（六〇八）抵華的高向漢人玄理（註八）、南淵漢人請安（註九）兩人竟長達三十二年，僧旻（註一〇）亦達二十四年之久。由於他們的留學時間長，故除其所專修之儒學或佛學外，對中國的風土民情，以及各種文化之瞭解、體認必定深刻。而這些人都是在隋朝末年西來，唐初始東返。因此，初唐的各種典章制度之次第整理，皆必注意及之。（註一一）職是之故，當時那些留學生或留學僧學成之際攜帶漢籍東歸，乃自然趨勢。惟在隋代以前已有大批漢人於秦漢末年及五胡亂華中原板蕩之際，先後遷徙扶桑。他們之於東渡之際，必有人將漢籍帶至彼邦，此事可由聖德太子於隋文帝仁壽四年（推古天皇十二年，六〇四）所頒布《憲法十七條》條文內容之多取《詩經》、《尚書》、《孝經》、《禮記》、《左傳》、《論語》、《孟子》、《中庸》、《莊子》、《管子》、《韓詩外傳》、《說苑》、《史記》、《漢書》、《墨子》、《荀子》、《文選》等書之詞句獲得佐證。（註一二）

漢籍東傳以後不久，即有言簡意賅之《憲法十七條》出現，那些條文雖極可能完成於中國人或三韓人士之移居東土者之手，但彼邦人士之注重中國學術文化，卻可由此窺見其端倪。如據《憲法十七條》所引用漢籍書目推之，他們所閱讀之中國圖書的範圍自必相當廣泛。雖然如此，當時的日本人士凡欲求學者無不由私人講授。因為大化革新的兩大功臣中大兄皇子與中臣鎌足都曾經「倶手把黃卷，自學周孔之教於南淵（漢人請安）之所」（註一三），而僧旻亦曾受聘為諸皇子講授《周易》。（註一四）由此觀之，在七世紀中葉的大化革新之初，日本尚無學校而由有如後世之家塾的地方來傳授學問，其所講授者則當不出上舉《憲法十七條》所引用諸書之範疇。

三、大化革新與學校之設立

日本之設置學校，始自天智天皇之治世（六六二～六七一），《懷風藻》（註一五）〈序〉云：

逮乎聖德太子，設爵分官，肇制禮儀。然而專崇釋教，未遑篇章。及淡海先帝（天智天皇）之

> 受命也，恢開帝業，弘闡皇猷；道路乾坤，功光宇宙。既而以爲：調風化俗，莫尚於文；潤德光身，孰先於學？爰則建庠序，徵茂材；定五化，興百度。憲章法則，規摹弘遠。夐古以來，未之有也。

可證。此一制度，應是模倣中國者，此可由《禮記》〈王制〉所謂：

> 有虞氏養國老於上庠，養庶老於下庠；夏后氏養國老於東序，養庶老於西序；殷人養國老於右學，養庶老於左學；周人養國老於東膠，養庶老於虞庠。

知之。因上庠、東序、右學、東膠爲大學，下庠、西序、左學、虞庠爲小學，故上舉《懷風藻》〈序〉所謂「建庠序」之爲設大學，殆無虞慮。

中國學校之設，始自前漢武帝元朔五年（西元前一二四年）爲博士設置弟子員。（註一六）晉朝以後，國子學、太學並立。自此以後，歷經南朝的宋、齊、梁、陳，北朝的後魏、後周，均屬此一形態。（註一七）迄至唐朝，則有國子學、太學、四門學、律學、書學、算學等六學，（註一八）及太醫署所轄之醫科、鍼科、按摩科、咒禁科。此外，又有弘文、崇文兩館。（註一九）

唐朝的學校制度在唐、日邦交揭開序幕以後不久即爲日本所模倣。早在大化革新時，前舉高向漢人玄理、僧旻兩人被命爲國博士，惟此一頭銜乃職稱而非學位。當時的日本雖尚無學校，然當它於唐高宗總章元年（天智天皇七年，六六八）頒布《近江令》以後，不僅有學校——大學寮，且有主其事之「學頭職」，學官則有「大博士」而其下有學生若干人。此外，尚有音博士、書博士之名。《日本書紀》，卷三〇，〈特統天皇紀〉，五年九月己巳朔壬申條所謂：

> 賜音博士大唐續守言、薩弘恪，書博士百濟末善信銀，人廿兩。

即是明證。由此觀之，日本名爲大學的教育機構在七世紀後半已逐漸完備，終於形成有如在其文武天皇（八五〇～八五八在位）時所頒布《大寶律令》所顯示之形式。目前《大寶律令》雖僅有逸文被收錄於《令義解》，卻可從大體承襲《大寶律令》的《養老律令》窺見其奈良時代的學制。

如據《養老令》，則日本古代的學校，京師有大學，地方有國學。大學、國學俱分爲明經、書、算三科，茲分別敍述如下：

1.中央教育機構：

(1)人員編制

日本古代的大學乃完全模倣唐朝之於中央設國子學、太學、四門學、律學、算學、書學而將其合稱爲大學寮。唐有大學而日本僅有大學寮，其因可能在於唐地廣人衆，日本地狹人稀使然。主持大學寮者謂之「大學頭」，其地位有如唐制之國子祭酒。綜理大學寮之業務，簡試學生，及於每年春秋二仲之月上丁釋奠於先聖孔子，其饌酒所需，俱用官物。（註二〇）日本大學之於春秋兩季舉行祭孔典禮，當是根據《大唐開元禮》，卷一，〈序例〉所訂之常祀，及同書卷五所訂有關釋奠之規定而來。所謂春秋二仲之月，即指二月、八月而言。因舉行祭孔典禮後要舉行讀書活動，故此事對彼邦儒學之發展必有推波助瀾之作用。

「大學頭」之下有「大學頭助」，此乃大學寮之副主管，其地位相當於唐制之國子司業，襄助「大學頭」處理日常業務。其下有大允、少允、大屬、少屬、博士各一人，助教二人，學生四百人，音專士、書專士、算博士各二人，算生三十人。此外，尚有史部二人處理一般業務，直丁二人負責雜務。

博士職司教授經業、課試，助教職務與博士同。學生則分受經業。音博士職司教音，書博士職司教授書法，算博士負責教算術，算生學習算術。（註二一）他們的職掌俱有規定而與唐制大致相同。

如據《令義解》卷三〈學令〉第十一，〈博士助教條〉所紀，凡博士、助教皆取明經堪爲師者。所謂堪爲師，意即非唯學業，兼取德行。無論博士或助教，皆分經講授。學者每受一經，必令終講，所講未終，不得改業。（註二二）此與《唐書》，卷四四，〈選舉志〉，上，所謂：「凡博士助教，分經授諸生，未終經者無易業」相同。其書、算兩科博士，亦取業術優良者擔任。

(2)職員位階

如據《唐六典》所紀，唐代國子祭酒之位階爲從三品，國子司業從四品下，國子學博士從五品上，太學博士從六品上，四門學博士正七品上，國子學助教正六品上，太學助教正七品上，四門學助教從八品上，律博士從八品下，書博士、算博士俱從九品下。但《令義解》，卷一，〈官位令〉，第一所紀「大學頭」之位階僅從五位上，「大學頭助」、大學博士正六位下，大學大允、大學助教、醫博士正七位下，書博士、算博士、音博士俱從七位上。大體說來，日本的大學職員之位階雖較唐制爲低，但其書、算、音三博士之位階卻均爲從七位上而較唐制之律博士從八品下、書、算兩科博士之俱爲從九品下為高。得在此一提的就是唐制的律、書、算三博士原為專業性質，然當東傳日本以後則成為大學之附庸，故其受重視之程度不及其他博士。

為使讀者更易明瞭起見，將上述中、日兩國學官之職稱、位階，及其所負責之工作內容表列如下：

表一：唐、日大學職官之位階、工作內容一覽表

唐代學制				日本學制			
職稱	位階	職務	典據	職稱	位階	職務	典據
國子祭酒	從三品	掌邦國儒學訓導之政令	《唐六典》《唐書》〈選舉志〉	大學頭	從五位上	綜理大學寮之業務	《令義解》〈官位令〉、〈學令〉
國子司業	從四品下			大學頭助	從六位下		
國子學博士	正五品上						
太學博士	正六品上			大學博士	正六位下	教授經業，課試學生	
四門學博士	正七品上						
國子學助教	正六品上						
太學助教	正七品上	分經授諸生		大學助教	正七位下		
四門學助教	從八品上			音博士	從七位上	教授音讀	
律博士	從八品下			書博士	從七位上	教授書法	
書博士	從九品下			算博士	從七位上	教授算術	
算博士	從九品下						

典據：《唐六典》、《令義解》，卷一，〈官位令〉；卷三，〈學令〉。

(3)入學資格

唐朝設大學教授學生的目的在於「聚天下賢英，爲政之首。」（註二三）故其對學生入學資格的規定甚嚴。《唐書》，卷四四，〈選舉志〉，上，云：

凡學六，皆隸於國子監。國子學，生三百人，以文武三品以上子孫若從二品以上曾孫，及勳官、縣公、京官四品帶三品勳封之子爲之。太學，生五百人，以五品以上子孫，職事官五品期親若三品曾孫，及勳官三品以上有封之子爲之。四門學，生千三百人，其五百人以勳官三品以上無封，四品有封，及文武七品以上子爲之；八百人以庶人之俊異者爲之。律學，生五十人；書學，生三十人；算學，生三十人，以八品以下子，及庶人之通其學者爲之。

可見其能入學就讀的多是官宦人家之子弟。由於規模宏大，學生衆多，故唐朝當局曾於太宗貞觀二年（推古天皇三十六年，六二八），於國學增築學舍一千二百間，太學、四門學博士亦增生員，書、算各置博士、學生，以備文藝，凡二千二百六十員，（註二四）可見當時儒學之盛。

日本當時雖因人口不多，但大學只有一所，因此對學生之入學資格也模倣唐制而加以限制。凡大學生取五位以上子孫，及東西史部子爲之，若八位以上子弟之情願入學者亦准入學。（註二五）在此所謂五位以上，乃言諸王、諸臣皆是，惟親王不在此限。（註二六）亦即日本當時的皇族子弟之教育，尚有如唐之弘文館、崇文館一類的特殊學校。所謂東西史部，乃謂居住在皇城左右，故曰東西。蓋因前代以來，奕世繼業，或爲史官，或爲博士，因以賜姓，總謂之史。（註二七）至於八位以上，則言內外並同；子則指不論嫡庶。其入學年齡則是年十三以上，十六以下，由式部（註二八）省來補。不過得在此附帶一言的就是：由地方政府主辦之國學出身者，也有機會入大學就讀，此乃模倣唐制之州縣學生得升入京師大學之規定而爲。《養老令》〈學令〉規定：凡庶民子弟在諸國國學畢業以後，若通曉二經，成績優良，由國司呈報，並經式部省之考練得第者，便可進補大學生。意即若補大學生後，更被舉試不第者，即退還其本貫。（註二九）

⑷課程內容

唐代以科舉取士，學校亦爲出身之一途。故國子學、太學及四門學等京師學校各有定額專業。諸博士及助教皆分經教授學生，其課程分爲必修、選修兩大類，所授之經學則分爲大、中、小三種。《唐書》，卷四四，〈選舉志〉，上，云：

唐制：取士之科，多因隋舊，然其大要有三：由學館者曰生徒，由州學者曰卿貢，皆升於有司而進退之。其科之目，有秀才，有明經，有俊士，有進士，有明法，有明字，有明算，有一史，有三史，有開元禮，有道舉，有童子。而明經之別，有五經，有三經，有二經，有學究一經；有三禮，有三傳，有史科；此歲舉之常選也。其天子自詔者曰制舉，所以待非常之才焉！

又云：

凡《禮記》、《春秋左氏傳》爲大經，《詩》、《周禮》、《儀禮》爲中經，《易》、《尚書》、《春秋公羊傳》、《穀梁傳》爲小經。通二經者，大經、小經各一，若中經二。通三經者，大經、中經、小經各一。通五經者，大經皆通，餘經各一，《孝經》、《論語》皆通之。

凡治《孝經》、《論語》，共限一歲，《尚書》、《公羊傳》、《穀梁傳》各一歲半，《易》、《詩》、《周禮》、《儀禮》各二歲，《禮記》、《左氏傳》各三歲。學書，日紙一幅，間習時務策。讀《國語》、《說文》、《字林》、《三蒼》、《爾雅》。凡書學，石經三體限三歲，《說文》二歲，《字林》一歲。凡算學，《孫子》、《五曹》，共限一歲，《九章》、《海島》共三歲，《張丘建》、《夏侯陽》各一歲，《周髀》、《五經算》共一歲，《綴術》四歲，《緝古》三歲，《紀遺》、《三等數》皆兼習之。

唐代中央官學之課程內容有如上述，而此一制度亦爲日本所模倣。《大寶令》與《養老令》之〈學令〉不僅規定儒學之正經教材，也還規定其注疏本及通經辦法。《令義解》，卷三，〈學令〉，第十一，〈經周易尚書〉條云：

凡經，《周易》、《尚書》、《周禮》、《儀禮》、《禮記》、《毛詩》、《春秋左傳》，各爲一經；《孝經》、《論語》，學者兼習之。

由此觀之，學者之需兼習《孝經》、《論語》的規定，與唐制相同。該〈學令〉〈教授正業條〉則云：

凡教授正業，《周易》，鄭玄、王弼注；《尚書》，孔安國、鄭玄注；《三禮》、《毛詩》，鄭玄注；《左傳》，服虔、杜預注；《孝經》，孔安國、鄭玄注；《論語》，鄭玄、何晏注。

上述經書雖各舉兩種注釋本，其意並非一人兼習兩家。如：《周易》雖舉鄭玄、王弼兩人，其意在於或鄭或王，習其一經即可。若有兼通者則被視爲博達。（註三〇）其分經之大小的方式亦與唐制相同，所必需修習的經書數目亦復如此。即：

凡《禮記》、《左傳》，各爲大經；《毛詩》、《周禮》、《儀禮》，各爲中經；《周易》、《尚書》，各爲小經。通二經者，大經内通一經，小經内通一經，若中經即並通兩經。其通三經者，大經、中經、小經各通一經。五經者大經並通，《孝經》、《論語》皆須兼通。（註三一）

我們得注意的就是唐制雖以《公羊傳》、《穀梁傳》爲正科，但日本的大學課程卻無此二傳。岡田正之以爲無此二傳的原因在於：

《左氏》、《公羊》、《穀梁》三傳之長短優劣，爲東漢以來之學者所議論。隋末唐初，《左傳》極爲流行，而《公羊》、《穀梁》二傳雖寢微不振，唐朝仍立此二傳爲正科。然我（日本）國之令制將此二傳刪除，實富有深意。或因《左傳》得孔子之眞傳，而其餘二傳有不能用以爲教者。（註三二）

岡田的見解雖如此，武內義雄則認爲：

無《公羊》、《穀梁》二傳的原因，可能在於漢初學者特別重視《公羊傳》，但《穀梁傳》在前漢末年亦頗盛行。惟使之並存，非但無益，反有損於《春秋》之大義與孔子之精神。故乃除此二傳，以取《左傳》之正名。（註三三）

岡田、武內兩氏所言俱有道理且具說服力。又，日本的必修科亦無《老子》，其因可能在於老子主張無爲，排斥儒家之仁義道德而有違日本當時之立國精神所致。

表二：唐代中日兩國大學課程內容、教材版本比較表

經別	唐朝	日本
	課程內容及其教材版本	課程內容及其教材版本
大經	禮記（鄭玄注）、春秋左氏傳（服虔、杜預注）	禮記（鄭玄注）、春秋左氏傳（服虔、杜預注）
中經	毛詩（鄭玄注）、周禮（鄭玄注）、儀禮（鄭玄注）	毛詩（鄭玄注）、周禮（鄭玄注）、儀禮（鄭玄注）
小經	周易（鄭玄或王弼注）、尚書（孔安國或鄭玄注）、春秋公羊傳（何休注）、春秋穀梁傳（范寧注）	周易（鄭玄或王弼注）、尚書（孔安國或鄭玄注）
必修科	孝經（舊令：孔安國或鄭玄注；新令：開元御註）、論語（鄭玄或何晏注）、老子（舊令，河上公註；新令，開元御註）	孝經（孔安國或鄭玄注）、論語（鄭玄或何晏注）

典據：《唐書》，卷四四，〈選舉志〉；《令義解》，卷三，〈學令〉，〈教授正業條〉。

由上文可知，日本當時的大學之課程內容不僅與唐制相同，其所用儒家經典之注釋本，亦與唐制無二致。

⑸成績考察

唐代國子監所屬學校舉行之學生成績考察有旬考、歲考、業成考三種。旬考爲日常成績考察，類似目前盛行於中、小學的週考。歲考爲年終考試，考察學生們一年來所學習的結果。業成考則爲類畢業考的成績考察方式。《唐會要》，卷三五云：

每年仲冬國子監所管學生由國子監試之，州縣學生當州試之，並選藝業優長者爲試官，仍由長官監試。參加考試之學生，通計其一年所授之業，考口問大義十條，通八條以上者爲上等，通六條以上者爲中等，通五以上者爲下。

此乃有關歲試之規定。《唐書》，卷四四，〈選舉志〉則云：

給旬假一日。前假，博士考試，讀者千言試一帖，帖三言。講者二千言問大義一條，總三條，通二爲策，不及者有罰。歲終，通一年之業，口問大義十條，通八爲上，六爲中，五爲下。併三下與在學九歲，律生六歲，不堪者罷歸。諸學生通二經，俊士通三經已及第而願留者，四門學生補太學，太學生補國子學。

此言學生成績的考察方式，如果學習成績欠佳者須退學，成績良好者則有升上一級之學校的機會。《新唐書》，卷四五，〈選舉志〉並見此事。

因日本古代的學校完全模倣唐代學制而以養士爲目的，亦即以學校爲立國取才之本，故對於博士、助教之講授經典，及學生成績之考察均有所規定。就教授方面而言，《令義解》，卷三，〈學令〉，第十一，〈分經教授〉條云：

凡博士、助教，皆分經教授，學者每授一經，必令終講，所講未終，不得改業。

亦即學生受業時教授、助教必須終講，否則不得更換其他課程。其作如此規定的用意在於使學生對自己所學課程有始有終，能夠對它有充分的瞭解。至其課業之考察方式，同書同卷〈先讀經文〉條云：

凡學生先讀經文，通熟然後講義。每旬一日休假，假前一日博士考試。其試讀者，每千言內試一帖三言。講者每二千言內問大義一條，摠試三條。通二爲第，通一及全不通，斟量決罰。

表三：唐、日兩國學生成績考察方式比較表

等第	唐　朝	日　本
上	問大義十條，通曉八條以上	問大義八條，通曉六條以上
中	問大義十條通曉六至七條	問大義八條，通曉四至五條
下	問大義十條，通曉五條	問大義八條，通曉三條
退學	問大義十條通曉三條以下，或連續三年皆爲下等，或在校九年（律生爲六年）而無貢舉希望者	連續三年皆下等，或在學九年而無貢舉希望者

典據：《唐書》，卷四四，〈選舉志〉；《令義解》，卷三，〈分經教授條〉。

在此所謂考試，係言校試學者之道勢；其謂三言，即三字。言唯千言之內，帖覆一處之三字，令具闇讀。（註三四）若其不滿千言，則不復在試限。然學者志有所不假，若懈緩不滿者，既重於不過帖，亦須入決罰之限。至所謂「斟量決罰」，則係指斟酌其笞捶之多少，博士隨狀量決，（註三五）亦即由博士根據學生作答的情況，以衡量該作何種程度之懲處。所以當時的日本之大學生必需熟讀經文至能夠背誦，否則就會受到體罰，亦即以體罰方式來督促學生課業。〈先讀經文〉條又云：

每年終，大學頭、助，國司藝業優長者試之。試者通計一年所受之業，問大義八條，得六以上爲上，得四以上爲中，三以下爲下。頻三下，及在學九年，不堪貢舉者解退。

日本當時之考期以七月爲年終，亦即以七月爲學年末。此稱年終，亦與考同，此乃由於爲定博士考課之故。文中所謂「在學九年，不堪貢舉者並解退」，乃指在學九年而仍不堪貢舉者，其在國學期間之年數通計；服闋重任者則不在此限。亦即居喪之年不在通計之內。（註三六）由此觀之，其考課內容雖與唐制有若干差異，但所採用之方式與唐制並無二致。

⑹生活管理

我們常說「師嚴道尊」，所謂「師嚴道尊」，就是尊師重道之意。我們求知爲學，首重尊師，師尊則其道亦尊。一日爲師，百世之父。求學須有誠意，其受教之心乃專。否則雖聖人誨人不倦，一聽一去，又有何用？師道立，爲求學之前提，明乎此，始可以言學。

尊師重道，首見於拜師之禮，亦即束脩之禮，故爲孔子所重。拜師之禮行，師生各分立，其重在於禮，在於名分之建立。職是之故，《大唐開元禮》，卷五四、六九、七二對此一禮儀有詳細規定，無論皇太子或州縣學生皆須遵守。而皇太子之呈送束脩，係採跪奠奉呈方式，其禮不可謂不隆。至其束脩之數目，唐中宗神龍二年（文武大皇慶雲三年，七〇六）時，曾勅令國子太學生之束脩為每生奉絹三匹，四門學生二匹，俊士及律、書、算、州縣等學生各一匹，並皆有酒脯。束脩之五分之三為博士所得，其餘歸助教所有。（註三六）

日本對於束脩的規定亦倣唐制，《令義解》，卷三，〈學令〉，第十一，〈在學為序條〉云：

凡學生在學，各以長幼為序。初入學，皆行束脩之禮於其師。各布一端，皆有酒食。其分束脩，三分入博士，二分入助教。

如據同書卷一，〈職員令〉，第一，〈大學寮〉條，則大學有博士一人，助教二人，其束脩乃總計所有以作七分，三分入博士，其餘四分均入助教，故其餘音、書、算諸博士亦皆有束脩。（註三七）由此觀之，唐、日兩國學生呈送其師的束脩內容與其數目容或有異，其分配方式則同。

中、日兩國既然都尊師重道，則萬一學生當中有人冒犯其師，自必加以嚴厲制裁。《唐律疏義》，卷二三，〈鬥訟律〉規定：

（學生）毆傷見受業師，（其罪）加凡人二等；死者，各斬。

其（律）註云：「謂伏膺儒業，而非私學者。」因此，唐代對於將暴力加諸乃師者其罪特重。在此段文字之後的〈疏義〉則云：

儒業，謂經學，非私學者。謂弘文、國子、州縣等學。

唐朝當局之所以作此規定，其目的在於保障教師權益，教師尊嚴不容侵犯。這種規定雖侷限於官學裏的教師，但此一立法精神對私學自必有所影響。非僅如此，也影響了日本的學規與法律而完全為其所採用。《律逸文》云：

毆（傷）見受業師者，加凡人二等；死者，斬。（註三八）

此律之釋文雖已散佚，然在名律例〈八虐〉〈不義〉條之「見受業師」下卻有如下註解云：

見受業師，謂見受經業太學、國學者，私學亦同。若已成業者，雖先去學，並同見受業師之例。

因此，當時的日本政府非但規定公立學校的學生必需尊師重道，私立學校的學生也要遵守此一約束。至於已經完成學業離開學校的，亦不例外，則在尊師重道方面，日本的法令規定似乎較唐朝為嚴格。

如據《唐會要》，卷六六所紀，則除上述外，唐朝當局也曾經規定：

①學生如有悖慢師長，強暴鬭打者，請移牒縣錮身，解回原籍。

②其有藝業不勤，遊處非類，樗蒲六博，酗酒喧爭，凌慢有司，不守法度，有一於此，並請開除。

③文章帖義，不及格限，頻經五年，不堪申送者，亦請開除。

④如達限程，及作樂雜戲者亦同。唯彈琴、習射不禁。

這些規定，乃欲規範學生之日常行為者，對於解回原籍，開除學籍，也都定有一定標準而不得逾越。唯彈琴、習射則被視為正當娛樂，讀書人應有之修養而不在禁止之列。

對於學生的日常生活之管理，日本當局所作的規定是：

凡學生在學，不得作樂及雜戲，唯彈琴、習射不禁。其不率師教，及一年之內違假滿百日者，並解退。（註三九）

我們雖無法從這段文字來瞭解日本當局規範其大學生之日常生活的詳情，但既言「不得作樂及雜戲」，「彈琴、習射不禁」，則其對大學生之日常生活上之要求當與唐制大致相同。

此外，當國家於元日舉行慶祝典禮，或因公卿、大夫去世而舉行喪葬儀式時，學生須與會觀禮（註四〇）每年五月，獲放田假；九月，放授衣假，其路遠者，仍酌量給往還程。其所以在九月放授衣假，乃由於此時霜始降，歸功成，可以授冬衣之故。（註四一）

2.地方教育機構

唐代地方政府組織雖分道、州（府）、縣三級，但其所設學校卻只有州學與縣學兩級。縣以下則有鄉學、市鎮學或里學，但並非常設。唐之於各州縣及鄉設學校，始於高祖武德七年（推古天皇三十二年，六二四）。當時規定，凡學生有通一經以上者，有司試策加階，惟此類學校當時尚未普及。及至玄宗之治世，曾於開元二十一年（聖武天皇天平五年，七三三）及二十六年，先後詔令全國各州縣發展地方教育，結果全國州縣每鄉各置一校而擇師資使其教授學子，（註四二）於是地方教育便從此發達起來。其能在地方政府所設之學校就讀者為年十八以上，二十五以下之八、九品官員之子，與年二十以下的庶人子弟之聰敏者。州、縣學的博士、助教，係從當地選任，若轄區內無適當人選，則由其他州、縣遴選，或由部內勳官五品以上者擔任。（註四三）州、縣的學生之修業年限並無一定，他們畢業以後可經簡試升入中央之四門學，或逕自參加貢試。其深造過程如下：

表四：唐代州縣學生升中內國子學過程表

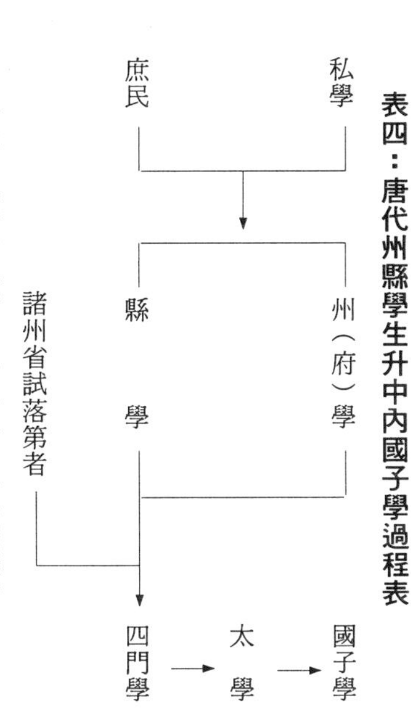

典據：《唐會要》，卷三五。〈學校條〉

由表四可知，唐代的地方學校，其受教育者也不為官僚子弟所獨佔，布衣子弟也同樣可以入學受州、縣學之教育，從而循序至京師接受更好教育，而貢舉制度亦併入儒學教育體系之中。

日本的國學相當於唐之州（府）學。在此所謂之「國」，乃日本古代的行政區域。國學創於何時，已不可考，惟《大寶律令》已對國學學生之入學資格有所規定。因《大寶律令》制訂於唐睿宗嗣聖十八年（文武天皇大寶元年，七〇一），故其國學之設至遲在八世紀初。其國學師資的遴選方式亦與唐制相仿，此可由文武天皇（六九七~七〇七在位）大寶三年所下〈制〉所謂：

依〈令〉，國博士於部內及傍（旁）國取用。然溫故知新，希有其人。若傍（旁）國無人採用，則申省，然後選擬，更請處分。（註四四）

獲得佐證。此外，凡國、郡司有解經義者，即令兼加教授，若訓道有成，即進考（註四五）。

如據《養老律令》與《大寶律令》的規定，每國均設有國學，國學的業務由國司兼攝。當時設國學的目的在培養地方行政人員與醫務人員。中央的大學寮之博士、助教雖僅職司分經教授而不及旁務，但國學的博士則除教授學問外，還得兼任其他行政工作，如：擔任大帳使（註四六）、班田使（註四七）、採銅使（註四八）之類，有時還得負責接待外國使節，（註四九）故往往有荒廢正業之憾。國學生取郡司子弟爲之，取年十三以上，十六以下聰令者就讀，如郡司子弟皆入學而尚有名額，則得兼取庶人子弟，由國司補。（註五〇）職是之故，若某一國的國學生無缺額，則該國的庶人子弟就根本沒有入學機會。所以對一般民衆而言，他們進入官學的機會並不多。

國學的入學人數係根據其國之大小，亦即根據其行政區域之大小來決定，大國五十人，上國四十人，中國三十人，小國二十人，醫生各減五分之四。藥學生則大國十人，上國八人，中國六人，小國四人。此與幅員廣大，人口衆多的唐制州學所定上州六十人，中州五十人、小州四十人；醫業生上州十五人，中州十二人，小州十人較之，其人數並不少。

表五：唐制州學與日本國學師資、學生人數比較表

唐朝					日本				
州別	經學博士	助教	學生數	課程	國別	國博士	助教	學生數	課程
上州	從八品下，一人	二人	六〇人	教授五經。玄宗開元二十年，詔令兼習吉凶禮	大國	一人	無	五〇人	教授五經
中州	正九品上，一人	一人	五〇人		上國	一人	無	四〇人	
下州	下九品下，一人	一人	四〇人		中國	一人	無	三〇人	
					下國	一人	無	二〇人	

典據：《唐書》，卷四三，〈職官志〉；《令義解》，卷一，〈職員令〉，第二，〈太宰府條〉。

表六：唐、日兩國設於特別之師資、學生人數比較表

唐朝					日本				
都督府之等級	經學博士	助教	學生數	課程		博士	助教	學生數	課程
京兆、河南、太原	從八品上，一人	二人	八〇人	與京師之大學相同	太宰府	從七位下，一人	無	管區內官員子弟	與國學相同
大都督府	從八品上，一人	二人	六〇人						
中都督府	從八品下，一人	二人	六〇人						
小都督府	從八品下，一人	二人	五〇人						

典據：《唐書》，卷四三，〈職官志〉；《令義解》，卷一，〈職員令〉，第二，〈太宰府條〉。

至於唐、日兩國的地方醫學教育人員，及學醫人員的數目則有如表七之所示：

表七：唐、日兩國地方醫學教育人員、醫學生人數比較表

唐		朝			日		本		
州別	醫學博士	助教	藥生	課程	國別	醫師	助教	醫藥生	課程
上州	一人	一人	十五人		大國	一人	無		
中州	一人	一人	十二人		上國	一人	無		
下州	一人		十人		中國	一人	無		
					下國	一人	無		

典據：《唐六典》，卷一四；《令義解》，卷一，〈職員令〉，〈太宰府條〉。

由上文可知，日本古代的學校教育，無論學校教師的編制，學生的入學資格，課程的安排，教材的內容，成績考察方式，或學生的日常生活之管理，其細節容或有若干差異，但都是模倣唐制而爲。

四、爲官之路

唐代取士的主要途徑有三：其一是禮部主持的各地士人之考試，名曰鄉貢；其二爲中央官學畢業生的考試，名爲生徒；其三則爲皇帝下詔徵求，謂之制舉。前兩種考試經常舉辦，制舉則根據當時需要舉行，並無定期。鄉貢科目有秀才、明經、進士、明法、明字、明算、道舉、童子八科，其中明經、進士兩科之報考人數最多。高宗永徽（六五〇～六五五）以後，形成進士科獨盛局面，士大夫雖位極人臣，如非進士出身，仍覺美中不足。

明經的主要考試項目爲經義，應試者須精熟本文與注釋、明辨義理。當時政府規定的儒家經典有前舉之《禮記》、《左傳》等大經，《毛詩》、《周禮》、《儀禮》等中經，及《周易》、《尚書》、《公羊傳》、《穀梁傳》等小經，凡通二經者即可爲明經，亦即如前文所說，只要通一大經，一小經，或通兩中經即可。試法是先行筆試，稱爲帖經；及格以後，再行口試，謂之經問大義，凡十條。口試及格以後，再試時務策，凡三題。有時尚須加試《孝經》、《論語》、《爾雅》等書。考試辦法時有更動（註五二）。

唐代科舉，錄取人數最多者爲明經，每次約四百人，此與其他各科較之，實多出數倍。明經乃考學子對經書的瞭解程度，應考者除必需瞭解經文之意義外，對各該經書之注疏也必需記憶，方能對考題作完滿的答案。結果，考生在準備應考時就不得不偏重於記憶方面，對經文的義理旨趣反而未能重視，致難免有捨本逐末之概。因此，明經便逐漸爲士子所輕，轉趨能夠發揮義理的文學方面。在此情形下，復因政府之提倡文學，進士科乃成爲大家爭相報考的對象。

唐代進士分甲乙兩科，考試科目，初時以時務策爲主，共五道題；帖經爲副，考一小經及《老子》，共十道題，經文與注疏均屬考試範圍。此外，又考雜文兩道。答卷時不僅要顧及義理之妥切與否，而且還得注意文律。其能完全答對各題者爲甲科；時務策對四題，經對四題以上者屬乙科。進士及第以後，尚須通過由吏部所主辦之考試——釋褐試，政府方纔授予官職。

明經及進士兩科，唐代最爲盛行，其他各科皆不及。當時考生，於經多不精熟，故將帖經視爲難關。玄宗時（七一二～七六一）開始，進士科考詩賦，其考雜文則初時用賦，後增以詩。考詩賦、策論可使應考者的思想比較不受拘束，容易發揮才情，容易發現眞正人才。進士科錄取人數，每年不逾二三十人。宣宗（八四七～八五九在位）以後，選拔尤嚴，非學問淵博而專精，無法膺選。因此，唐代名臣出身進士科者甚多，如：房亦齡（五七八～六四八）、張說（六六七～七三〇）、張九齡（六七三～七四〇）、顏眞卿（七〇九～七八六）、斐度（七六五～八三九）等人是。進士科出身者之所以人才衆多，除政府之選拔嚴格外當與考時務策和雜文有關。

中國的此一制度至宋而臻於全盛，在形式則以清代最爲完整，一直實施到光緒三十年（一九〇四）。這種制度不僅可削世襲的勢豪、貴族之強大勢力，也從而建立了強大有力的君主體制。

表七：清代考試制度一覽表

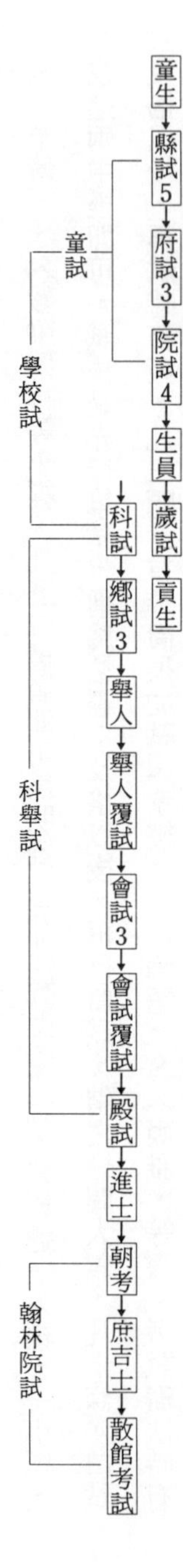

註：*1.* 阿拉伯數字表示考試場數。

2. 虛線表示所得身分。

典據：商衍鎏，《清代科舉考試述錄》。

就日本而言，其學校制度係模倣唐制而來。在學校受過教育的，雖不問身分與家世而可獲得一定的資格步上宦途，惟在與宦途的關聯上，卻與唐代制度有迥異之處，亦即中國爲甄選官吏人才而舉辦的科舉，日本始終沒有舉行過，其所以未曾舉行的原因在於當時的日本政治大權完全操在貴族階級手裏，貴族階級失勢以後，政權復爲武士階級所掌握，而科舉有礙他們的既得利益之故。雖然如此，由於學問與宦途有密切關係，因此當時的日本人士之以仕宦爲目的前往京師求學者不少。

《日本後紀》以後的史乘屢有地方人士「京貫」的記載。所謂「京貫」，即其戶籍被記載於京師之左京或右京而成爲京戶的意思。這種記載，實與在京城就學、仕宦有密切關係。京貫民的出身國以大和（奈良縣）、河內（大阪府）、攝津（大阪府、兵庫縣）、近江（滋賀縣）、山城（京都府）、丹波（京都府、兵庫縣）、伊勢（三重縣）等畿內及其鄰近地方者爲多，而亦散布於陸奧（青森縣、岩手縣）、肥後（熊本縣）等較邊遠的地方。（註五三）其距離京師較遠的地方人數較少，此當與交通不便，文化較落後，或居民較少有關。

大學寮設有文章、明經、明法、算四科，學子可任選一科就讀，完成所規定之課程，並通過考試，便可擔任官職。《令義解》，卷四，〈選敍令〉，第十二，〈內外文武（官）有闕〉條云：

凡內外文武官有闕者，隨闕即補，不得總替。

亦即凡遇內外文武官吏出缺，隨時遞補，不得定時統一補充。其〈秀才進士〉條則云：

凡秀才取博學高才者；明經取學通二經以上者；進士取明閑時務，並讀《文選》，《爾雅》者；

明法取通達律令者；皆須方正清脩，各行相副。

所以他們不僅要考經書，還要加考《文選》及《爾雅》，其要考《文選》，乃與唐制相異之處。至其〈秀才出身〉條更云：

凡秀才出身，上上第，正八位上；上中，正八位下。明經，上上第，正八位下；上中，從八位上。進士，甲第，從八位下；乙第及明法甲第，大初位上；乙第，大初位下。其秀才、明經得上中以上，有蔭及孝悌被表顯者，加本蔭本第一階敘。其明經通二經以外，每一經通加一等。善父母，謂之孝；善兄，謂之悌，今被表顯，獨是孝行，不及於悌，但舉成文而稱孝悌。在此所謂表顯，乃依賦役令，表其門閭。此乃言若一人兼有蔭及孝悌者，亦不可累加二階，其本蔭先已敘訖者，不得更敘同階以下。至於「加一等」之「加」字，其「義解」云：

既云加，若本經不及上中之第者，雖餘經全通，更無可加進。然則本經上中以上者，餘經亦試。若其不及者，餘經亦不可更試也。

此言其考試方式，及其依考試成績來敘任之規定，與唐代科舉制度之選才辦法不同，只用以補下層官吏之缺而已。

從平安時代（七九四～一一八五）初期起，文章道也稱紀傳道而後來成爲正式稱呼。八世紀初的大學寮，學科尚未見分化而以經學（明經）爲中心。然自唐玄宗開元十六年（聖武天皇神龜五年，七二八）以後，文章道從明經道獨立，置文章博士一人（相當於正七位下），兩年後，（開元十八年，天平二年，七三〇），定文章生二十名，文章道於是發韌，給予職田（註五四）四町。（註五五）迄至平安中期，此一學科之名便完全確立。

自從淡海三船（註五六）擔任大學頭與文章博士兩職以後，文章道因受其學問淵博之影響而地位提高。迄至憲宗元和十五年（弘仁十一年，八二〇），文章博士的地位便超越明經博士而相當於從五位下，文章道成爲學子之登龍門。然而要進入文章道並非易事，必需通過大學寮之考試成爲擬文章生，然後接受式部省主辦之文章生考試成爲文章生，復從那些文章生中選拔兩名爲文章得業生。獲選爲文章得業生以後，再攻讀七年，經文章博士之推舉接受方略試，通過方略試後爲秀才，秀才更經策試，方能獲得官職。所以學子自入學至獲官職，其路途漫長而且艱鉅。

明經科以修習儒家經典爲目的，因律令體制下的大學寮之學問以經學爲本科，故其教科書亦以《論語》、《孝經》爲必修，《禮記》、《左傳》、《毛詩》、《周禮》、《儀禮》、《周易》、《尚書》爲選修。然而從奈良時代（七一〇～七八四）中期起，從明經分出文章、明法二道，故在平安初期以後，此科遂被稱爲明經道。然隨著文章道之從平安初期以後，日益隆盛，明經道遂逐漸式微，其教官也爲清原、中原兩家所世襲，學生也侷限於少數下層貴族子弟而已。

明法道亦以經學爲本科，法學則僅在考試科目上有而未被視爲正科，故乃於開元十八年（天平二年，七三〇）新設博士二人，學生十人之明法科而漸具規模。惟因高級貴族無須修習法律學，致明法道之出身者自然侷限於下級官吏。結果，便隨著令制之式微，淪爲坂上、中原兩家之家學。

至於算道，亦於平安時代成爲大學寮的四科之一，以《孫子》、《五曹》、《九章》、《海島》、《六章》、《綴術》等爲教科書，以研究算學。有算博士二人，算生三十人。本科出身者在主計寮（註五七）、主稅寮（註五八）等單位服務，實際負責行政工作而受重視。惟自平安中期以後，算博士爲三善、小槻兩氏所世襲。

前文所說日本之官吏任用制度，僅是對一般學子而言，其有財有勢的，卻不必走如此漫長的路而享有特權。其享有特權者爲上層貴族的子弟，他們可以靠蔭子蔭孫的制度獲得官職，所以從開始起就含有大學與國學只侷限於以中下層官吏之子弟爲對象的機能與意味。抑有進者，其成爲四道之中心的博士與特定的家庭結合而家學化，而私人的要素非常濃厚。進入大學、國學，然後經由考試任官，固爲不拘門第而唯才是用的律令制度之一，卻由於氏姓制度（註五九）的殘存勢力根探柢固，致原本立意良好的制度發生破綻。也因爲如此，方使平安時代的儒學家學化顯著起來。（註六〇）就文章道而言，文章博士由出身菅原家、大江家、藤原之式家、南家、北家之日野家來擔任，而以菅原、大江兩家所佔比例爲尤重。結果，秀才也自然侷限於此兩氏之門人。至其所設文章院之東西曹司，也各爲菅家、大江兩氏的學統所獨佔。尤其連續三代出了博士的菅原家，首將文章道作其家學，致其所辦私塾有「菅家廊下」之稱。就文章道而言，也早成爲中原、清原兩家之家學。明法道在初時固爲惟宗、小野兩氏所獨佔，但在十二世紀中葉以後，卻爲坂上、中原兩家所取代。至於算道，則爲小槻、三善二氏所佔據。因此，在中下層官吏的社會裏，學校雖與其仕宦不無關聯，但並無掩覆整個官吏制度即爲官司制

度的機能與意味。（註六一）

得在此附帶一言的就是在平安時代以後，根據律令制度實施的學制式微，其式微情形以設於全國各地的國學較中央的大學嚴重。國學式微的原因就是其教學人員的陣容無法加強。就其擔任國博士（醫師）者而言，其年齡必需三十歲以上。因此，即使已經完成學業，如果尚未到達任用年齡就無法就職。爲彌補此一缺失，曾於唐德宗貞元五年（桓武天皇貞觀八年，七九八）正月廢除限制年齡的規定。然而僖宗中和三年（陽成皇元慶七年，八八三）十二月，卻又下令禁止非受業人員之爲國博士（醫師），故其規定復趨嚴格。惟在昭宗乾寧二年（宇多天皇寬平七年，八九五），竟又放寬規定，使苦住（無業）於學舍的典藥生與鴻儒、名醫之子孫，可經由推舉擔任諸國的博士、醫師。雖然如此，畢竟無法挽狂瀾於既倒。（註六二）

就整個大學、國學的學制而言，經費短絀也該是使其式微的理由之一，因爲當時漢學家三善清行（註六三）曾於後梁末帝乾化四年（醍醐天皇延喜十四，九一四）上〈意見封事〉十二條，言獎勵學生讀書的勸學田，與作爲大學雜費的諸國「出舉」（註六四）稻之數量減少或短缺，致使改用供應稀粥方式，也無法使學生溫飽。因此，有人事關係者雖能擔任官職，無人事背景的，唯有飲泣返鄉。（註六五）三善之言容或有誇張成分，但其所言情況當八九不離十。就國學而言，其經費固由各國衙財源中的雜稻來支應，但當國衙經費已經用罄而入不敷出的九世紀末以後，在經濟上也迫使國學急速步上式微之途。（註六六）

五、結語

日本的學校制度雖模倣唐制而爲，然因當時的彼邦由中央貴族掌握政權，實施貴族專制體制，所以中國的科舉制度始終無法在日本實施。結果，日本的學校教育雖開登用人材之門，卻因當時有恩蔭制度，一般高級貴族子弟可憑自己家世，不必經過考試進入宦途。結果，其必需經過考試方能擔任官職的，便只有中下層階級的貴族及官員之子弟。同時又因其成爲四道之中心的博士與特定家庭結合而家學化，致其學校教育之私人的要素濃厚，遂使原以登用人材爲目的而實施的此一制度，因無法摒棄氏姓制度之殘存勢力而顯露其破綻。

當時的學校之功能既如此，復因受其四道之逐漸成爲名博士家之家學的影響，各氏族便爲謀學校制度之充實而各設學館以教育自己子弟，如：和氣氏的弘文院，藤原氏的勸學院，在原氏的獎學院等是。至於奈良東大寺僧空海（註六七）之出售部分寺產而設之綜藝種智院，則以教育庶民子弟爲目的。

當時受門閥世襲之風之影響者，除上述四道之外，醫學、天文、曆法、陰陽亦各成爲某一家庭的專門之業。學術既已歸爲一家之業，則才能自無角逐競爭之餘地而無法望其進取向上。在此情形下，儒學之頹廢自屬必然。

當一向由貴族階級執牛耳的漢文學式微之際，日本禪宗因受中國禪林文學之影響而研究儒學蔚爲風氣。日本禪林研究儒學興盛的原因，除其禪僧至華接受中國文化之薰陶外，許多學術根柢深厚的華僧如：蘭溪道隆（註六八）、兀庵普寧（註六九）、一山一寧（註七〇）等人東渡教導之功亦不可沒。於是這些禪僧創造了日本之儒學研究的另一個高峰，終於結出五山文學之花果。

註釋：

註　一：大禮：日本聖德太子於隋文帝仁壽三年（推古天皇十一年，六〇三）所訂十二個官階之一。以中國人所重視之德、仁、禮、信、義、智六個德目各冠以大小而成十二階，故大禮爲其第五階。

註　二：小野妹子，日本推古朝之遣隋大使，孝昭天皇之後，《隋書》〈倭國傳〉紀其名爲蘇因高。累官至大禮。隋煬帝大業三年（六〇七）七月三日，聖德太子爲求佛法及移殖中國文化，乃命小野使華，此爲中日兩國邦交之始。明年三月，偕隋使文林郎裴世清，副使遍光高等十三人返抵筑紫（福岡縣）。及抵京，奏謂於歸國途次，隋之國書爲百濟人所奪，其朝廷原欲處以流刑而作罷。同年九月，裴世清一行返國時，推古又命其使華，以難波雄成副之，福利爲通事，高向漢人玄理、南淵漢人請安、僧旻等留學生、留學僧同行。五年九月，完成使命，晉升爲大德冠。相傳小野爲日本池坊流插花之始祖云。

註　三：胡錫年，〈古代日本對中國的文化影響〉，《陝西師大學報》，第一期，一九七九。

註　四：律令國家，律令乃國家之基本法典，其律（刑法）、令（民法、行政法）均模倣唐制，並根據日本國情而訂。根據律、令及格（補充條文）、式（實施細則）而施政的國家謂之律令國家。

註　五：中大兄皇子（六二六～六七一），舒明天皇之子。與中臣鎌足謀，於唐太宗貞觀十九年（大化元年，六四五）消滅權臣蘇我氏。之後爲孝德、齊明兩朝之皇太子，制訂大化革新之各種政策。其間，曾應百濟之請求遣兵前往朝鮮半島，但爲唐、新羅之聯軍所敗。高宗總章元年即位爲天智天皇（六六八～六七一在位），曾經編製《庚午年籍》，制訂《近江令》等。

註　六：中臣鎌足（六一四～六六九），日本古代中央豪族，曾參與打倒蘇我氏。孝德天皇即位（六四五）後爲內臣，與皇太子中大兄皇子同爲革新政府之重鎮，奠定日本律令體制之基礎。易簀時，天智天皇賜予大織冠及藤原姓。

註　七：蘇我入鹿（?～六四五），日本古代中央豪族。皇極天皇時（六四二～六四五），與其父蝦夷主政。舒明天皇薨（六四一）後，曾殺要求即位之山背大兄皇子（聖德太子之子）。當三韓使節朝貢而列席其覲見天皇之儀式之際，爲中大兄皇子、中臣鎌足等人所誅殺。

註　八：高向漢人玄理（?～六五四），大化革新時之功臣。華裔日人。隋煬帝大業四年（六〇八），隨遣隋使小野妹子回中國學習。東返後，於大化革新之際，與僧旻同爲國博士，爲革新政府之最高顧問。唐高宗永徽五年（白雉五年，六五四），以遣唐使身分至長安而病歿於此。

註　九：南淵漢人請安，生卒年不詳。華裔日人。隋煬帝大業四年，以學問僧身分，隨小野妹子回中國，唐太宗貞觀十四年（六四〇）東返。中大兄皇子、中臣鎌足等人曾隨其學外典。

註一〇：僧旻（?～六五三），華裔僧侶。隋煬帝大業四年，隨小野妹子回國。在華停留二十四年。其間，除學佛外又學《易》。東返後曾爲中臣鎌足講授《周易》。大化革新時，與高向漢人玄理同爲國博士，爲革新政府建立八省、百官之制。

註一一：《日本書紀》（東京：吉川弘文館，普及本），卷二四，〈皇極天皇紀〉，二年春正月乙亥朔條。

註一二：請參看鄭樑生，〈漢籍之東傳對日本古代政治的影響——以聖德太子爲例〉，收錄於《中外關係史國際學術研討會論文集》（淡水：淡江大學歷史學系，民國七十八年六月），及鄭著《中日關係係史研究論集》，二（臺北，文史哲出版社，民國八十一年一月）。

註一三：《藤原鎌足傳》（《續群書類從》本）。

註一四：岡田正之，《日本漢文學史》（東京：共立社書店，昭和四年九月），頁四二〇。

註一五：《懷風藻》，一卷，日本奈良時代之漢詩集，成書於唐玄宗天寶十年（天平勝寶三年，七五一）。編者有淡海三船、石上宅嗣、葛井廣成諸說而不知何者爲是。日本現存最古老的漢詩集，共收錄百二十首。其風格受中國六朝、唐詩之影響頗深。

註一六：《漢書》，卷六，〈武帝紀〉〈贊〉曰：「孝武初立，卓然罷黜百家，表章六經，……興太學。」

註一七：請參看高明士，《唐代東亞教育圈的形成》（臺北：國立編譯館，民國七十三年七月），頁七一～一八四。

註一八：《唐六典》，卷二一，〈國子監條〉。

註一九：《唐六典》，卷八，〈弘文館學士條〉。

註二〇：《令義解》（東京：吉川弘文館，普及版），卷一，〈職員令〉，第九，〈大學寮〉條。

註二一：同前註。

註二二：《令義解》，卷三，〈學令〉，第十一，〈分經教授〉條。

註二三：《唐會要》，卷三七，陳子昂〈疏〉。

註二四：《唐書》，卷一八九，上，〈儒學〉，上，〈序〉。

註二五：《令義解》，卷三，〈學令〉，第十一，〈大學生條。〉

註二六：註二五所舉書同條之「義解」。

註二七：同前註。

註二八：式部省，日本古代令制的中央八省之一，職司文官之名籍考課、銓敍、位記、禮儀、祿賜、學校、課試等有關人事之一般業務。職員有以卿爲首之四個等級（長官、次官、判官、主典）之官員，管轄大學、散位二寮。所謂散位，就是指在令制裏，於內外各機關中有位階而無固定職務者。他們由式部省散位寮管轄。其在京都的六位以下之散位，輪番至散位寮上班，在地方者則到地方政府——國衙辦公。

註二九：《令義解》，卷三，〈學令〉，第十一，〈通二經〉條。

註三〇：《令義解》，卷三，〈學令〉，第十一，〈教授正業〉條所紀「《周易》，鄭玄、王弼注」下之「義解」。

註三一：《令義解》，卷三，〈學令〉，第十一，〈《禮記》《左傳》皆爲大經〉條。

註三二：岡田正之，前舉書頁四六。

註三三：請參看武內義雄，〈儒教精神〉，收錄於《武內義雄全集》。

註三四：《令義解》，卷三，〈學令〉，第十一，〈先讀經文條〉之「義解」。

註三五：同前註。

註三六：《文獻通考》，卷四一；《柳河東全集》，卷二六，〈四門教廳壁記〉。

註三七：《令義解》，卷三；〈學令〉，第十一，〈在學爲序〉條。

註三八：《律逸文》（東京：吉川弘文館，新訂增補《國史大系》本）。

註三九：《令義解》，卷三；〈學令〉，第十一，〈不得作樂〉條。

註四〇：《令義解》，卷三；〈學令〉，第十一，〈公私〉條云：「凡學生公私有禮事處，令觀儀式」。其「義解」則云：「謂元日及公卿大夫喪葬之類也」。

註四一：《令義解》，卷三；〈學令〉，第十一，〈放田假〉條。

註四二：《唐會要》，卷三五。

註四三：《唐六典》，卷三〇。

註四四：《續日本紀》（東京：吉川弘文館，普及版）卷三，〈文武天皇紀〉，大寶三年（七〇三）三月丁丑條。

註四五：《令義解》，卷三；〈學令〉，第十一，〈解經義〉條。

註四六：《類聚三代格》（東京：吉川弘文館，《國史大系》本），卷一二記載國博士佐伯廣宗於唐武宗會昌六年（仁明天皇承和十二年，八二七）兼攝越後國（新潟縣）大帳使。

註四七：《大日本古文書》，五，頁五四四記載：由國醫師出任班田使。

註四八：《日本三代實錄》（東京：吉川弘文館，普及版），卷三，〈清和天皇紀〉，貞觀元年（八五九）二月五日條載：由國醫師擔任採銅使。

註四九：如據《類聚三代格》，卷一八之記載，當渤海國使節於唐文宗太和元年（淳和天皇長四年，八二七）十月二十九日抵日本時，曾遣但馬國（兵庫縣）博士林遠雄勘事由，並問愆期之過。

註五〇：《令義解》，卷三：〈學令〉，第十一，〈大學生〉條。

註五一：《令義解》，卷一：〈職員令〉，第二，〈太宰府〉條云「問：九國、三島、每國各有博士、醫師、學生可有何？凡博士、醫師、郡司等，從何處可在乎？但附令從他國爲不異何？答：今行事，遠國者遣博士、醫師也；近國者，學生等來太宰府習耳。故博士、醫師注，不記生數者。」

註五二：傳樂成，《中國通史》，下册（臺北：大中國圖書公司，一九八四年十二月，再版），頁四七四。

註五三：村井康彥，〈官學の衰微と家學の隆盛〉，收錄於《圖說日本文化史》，四，平安（東京：小學館，昭和四十九年八月），頁一九五。

註五四：職田，授予高位階者之田，此類田可免稅。

註五五：町，六尺四方爲一步，三六〇步爲一段，十段等於一町。

註五六：淡海三船（七二二～七八五），日本奈良時代的學者。大學頭兼文章博士。大友皇子之曾孫。初稱三船王，後來出家，法號元開。因還俗而成爲平民，姓三船。與石上宅嗣（七二九～七八一）同爲當時文壇領袖，著有《唐大和上東征傳》，收錄於《中華大藏經》〈遊方部〉。

註五七：主計寮，令制政府機構之一，隸屬民部省。職司出納從全國各地繳來之租、調，及審計國家之歲出、歲入。

因職務關係，其職員除四個等級之官外，尚有算師等。

註五八：主稅寮，令制政府機構之一，屬於民部省。監督諸國之田租、穀倉與其出納。其主管之位階相當於從五位，副主管相當於正六位下。職員除四等官外，尚有算師、史生、使部、直丁等。

註五九：氏姓制度，氏爲根據血緣關係組成之同族集團，日本古代統治階級的單位，京畿一帶之勢力強大者以天皇氏爲中心組成了大和朝廷，世襲而逐漸以氏來秩序化。姓則爲冠於古代氏族之氏與名上的稱號。當諸豪族爲大和朝廷所統治，世襲、分擔某一職務以後，姓也因各人身分、地位之不同而由朝廷賜予。結果，姓便代表了各氏之尊卑。此種以氏爲基礎的大和朝廷之統制組織稱爲氏姓制度。

註六〇：同註五三。

註六一：村井康彥，註五三所舉論文，頁一九六。

註六二：註五三所舉論文，頁一九六～一九七。

註六三：三善清行（八四七～九一八），日本平安初期漢學家。字三耀，號居逸，又稱善相公。文章博士兼大學頭。通中國經史，擅長詩文，對明法，算道亦頗有研究。著有《圓珍傳》、《藤原保則傳》、《善家秘傳》等多種，而於後梁末帝乾化四年（延喜十四年，九一四）向其醍醐天皇所上〈意見封事〉十二條最爲著名。

註六四：出舉（suiko），日本古代以勸農、救貧爲目的所辦須付息之貸放，有公出舉（kusuiko）、私出舉（shisuiko）兩種。此兩者之主要貸放物均爲稻穀而亦有出借金錢、粟、酒者。此種貸放以口分田、墾田、房屋、布匹、奴婢等作抵押。公出舉乃政府於春季將稻穀出借，秋收時附五成利息歸還者。初時雖以勸農、救貧為目的而辦，但奈良時代以後卻變成類似雜稅而帶有強迫性質，致農民負擔沈重而不得不賣田逃亡。私出舉則屬私人之營利事業，其利息有高達一倍者。

註六五：村井康彥，前舉論文，頁一九六。

註六六：同前註論文，頁一九七。

註六七：空海（七七四～八三五），日本平安初期僧侶，日本真言宗始祖。俗姓佐伯，讚岐（香山縣）人。十八歲時在大學學習外典，以為儒、釋、道三家中釋道最為傑出而出家。唐德宗貞元二十年（延曆二十三年，八〇四）至華，兩年後東歸，獲賜東寺以為真言道場。憲宗元和十一年（弘仁七年，八一六），於高野山建金剛峰寺，以弘揚真言密教，曾建綜藝種智院教育庶人子弟。擅長書法。諡弘法大師。

註六八：蘭溪道隆（一二一三～一二七八），臨濟宗楊岐派松源派僧侶。日本臨濟宗大覺派始祖。西蜀（四川省）涪江人。俗姓冉。嗣無明慧性之法。南宋理宗淳祐六年（寬元四年，一二四六）赴日，歷居筑前（福岡縣）圓覺寺，京都泉涌寺、來迎院，鎌倉壽福寺。理宗寶祐元年（建長五年，一二五三），受北條時賴（一二二七～一二六三）之聘，為鎌倉建長寺開山。後來雖住京都建仁寺，但又回建長寺。遺有《語錄》三卷。

註六九：兀庵普寧（？～一二七六），臨濟宗楊岐派破庵派僧侶。蜀（四川省）人。自幼出家，登育王山參無準師範（一一七八～一二四九），契悟，嗣法。元世祖中統元年（文應元年，一二六〇）赴日，掛錫東福、聖福寺，為建長寺第二代。南宋度宗咸淳元年（永二年，一二六五）回國。

註七〇：一山一寧（一二四七～一三一七），臨濟宗楊岐派。台州（浙江省）人。俗姓胡。嗣頑極行彌之法。元成宗大德三年（正安元年，一二九九），奉命持詔東渡招諭日本。鎌倉幕府將其囚禁伊豆（靜岡縣）修禪寺，但執權北條貞時（一二七一～一三一一）聞其德識，將其迎住建長寺。後來歷往鎌倉圓覺、京都南禪等寺而竟不歸。一山博學而對朱熹之學造詣尤深。工於書法，晚年之草體堪稱一絕云。

明治〈教育勅語〉與日本近代化

——由明治時期小學課本內容的變遷看日本的軍國主義教育

一、前　言

日本江戶幕府（一六〇三～一八六七）自從於一八五四年（安政元年）三月，在神奈川與美國東印度艦隊司令培里（Matthew Calbraith, Perry 一九七四～一八五八）（註一）簽訂不平等的「日米和親條約」（註二）；同年五月，復簽訂此一條約之續約「下田條約」（註三）以後，又與英、俄、法、荷蘭等國家簽訂內容相似的條約，（註四）從此便結束其自一六三九年以來所實施前後達二百十六年之久的閉關自守——鎖國政策，爲列強大開其門戶，加入了國際舞臺。當時，日本與西方國家之間所簽訂的一系列不平等條約雖是受西方資本主義勢力衝擊的結果，但日本卻不失此一時機，趁其幕府將「大政奉還」（註五），很成功的完成明治維新，從而開展日本近代史上嶄新的一頁，逐漸步上列強之林。

然日本之能有今天，並非一蹴可幾，乃是經過採取一系列的革新措施，如實施「地租改正」（註六）、「學制」（註七）、「徵兵制」（註八）、「內閣制度」，（註九）頒布「憲法」（註一〇），確立軍事警察權，並經過爲實施上述各種措施所產生的若干波折以後方纔確立。那些措施中最重要者應爲教育。此事就如安川壽之輔在其〈學校教育と富國強兵〉一文中所引，日本在日俄戰爭所得「勝利之桂冠應獻給日本的學校教師」之西方國家之報紙所給予之評價（註一一）似的，當日本步向近代化、軍國主義化的路程時，其學校教育，尤其是小孩教育所扮演的角色實不容忽視。亦即日本在近代化的過程中，其致力於教育的普及和開發人材，也就是說其促進近代化與注重人力的政策，和統一其國民的思想體系有密切的關聯。

明治政府從一八八六年開始所作《憲法》、《皇室典範》（註一二）、地方自治制度之起草工作，經過年餘便有了結果。故於一八八八年公布「市制」與「町村制」。明年，公布《大日本帝國憲法》、《皇室典範》。又明年，公布「府縣制」「郡制」條文。這些重要法案的公布，與一八九〇年十月三十日公布的〈有關教育之勅語〉（簡稱〈教育勅語〉），同爲日本天皇制政府結果的基本要素。

促使日本近代化成功的因素很多，而以此〈教育勅語〉爲中心來考察與日本近代化有關之論著亦復不少，所以如果要再以它來探討相關問題，雖難免舊調重彈之譏，但本文卻擬站在外國人的立場，來探究〈教育勅語〉與日本近代化的關聯，及它之影響日本國民教育，使日本步上軍國主義之歷程。

二、〈教育勅語〉頒布前的日本教育法規

一九七二年八月，明治政府（一八六八～一九一二）爲使其「邑無不學之戶，家無不學之人」而制訂「學制」。此「學制」乃與「地租改正」、「徵兵制」同爲該政府殖產興業，富國強兵政策之一

環。殖產興業是爲了富國，並由富國擁有強大的軍隊。如要達到此一目標，則非賴教育不爲功。

早在一八六八年時，木戶孝允（註一三）即在其「建言」中提到：普及教育，乃爲謀求（日本）國家富強「今日之一大急務」。而岩倉具視（註一四）在兩年以後，也在其「建國策」中強調：「引導（日本）國家步向文明，邁向富強之路（的方法），在於啓發民智而無庸置疑」。而當時的中央政府大員如伊藤博文（註一五）、森有禮（註一六）等人，也都認爲教育是日本建國，亦即推進富國強兵的重要契機，其曾經跟隨岩倉具視前往歐美考察的陸軍理事官山田顯義（註一七），也從軍制的觀點，認爲用強制方式使一般士兵接受教育，以提高軍隊的素質，乃爲使日本軍隊步上近代化之坦途的先決條件。所以明治政府之實施義務教育，除爲因殖產而來的富國之外，也被認爲是強兵的必要條件。因此，維新政府在其所實施學制、徵兵、地租改正等三大措施中，在時間上的前後差異雖不大，卻率先推行義務教育，自非偶然。

明治政府成立之初，其教育並未步武德川時代之跡，一味以朱子學爲文教政策之根本，而無論在學校制度上，或學校內部的組織與課程方面，莫不採取歐美教育之長處，一改過去孤立於世界而一心一意培養封建制度之民衆的作法，以培養能夠在世界上頭角崢嶸的國民爲務。這種作風，即是遠超過六四五年之大化革新，及在一一八五年以來所創立，由武人所主宰之幕府體制的日本史上之一大變動，也是日本教育史上的一大改革。雖然如此，當時的教育並未與前此所實施之教育完全脫節，故其國民教育之精神與教材內容容或受此一時代之大變動的影響，但其原有的國民教育之精神卻仍繼續開展而發達。

一八六八年三月，明治政府於京都開設「學習院」，尋改稱「大學寮代」，並諭其各公卿以人材教育爲當急之務，未滿三十歲之公卿宜勉於實用之學。四月，設「醫學所」於東京。八月，復興位於東京的昌平黌（註一八）與開成所（註一九），並集天下飽學之士擔任其教授工作。明年六月，改昌平黌爲大學校，並以之爲本校，兼授（日本）國學與漢學，使之綜理全國各級學校之事務。又以開成所爲大學南校，教授西學；以醫學所爲大學東校，教授醫學。又明年，則令各藩遴選十六歲以上，二十歲以下之優秀青年，稱之爲「貢進生」，入大學南校學習西學，並使其成績優異者出國留學，學習歐美先進的技術與其長處。

如據《明治以降教育制度發達史》（註二〇），及清水澄〈明治以降に於け行政法規の沿革〉（註二一）第五「教育制度」的記載，則明治政府曾經於一八七一年七月廢「大學」，改設文部省，置卿、輔以下各職官，並以大木喬任（註二二）爲文部卿。繼則以田中不二麿（註二三）爲理事官，使之前往歐美考察教育。翌年八月，頒布「學制」。九月，詳細規定此一學制之實施辦法的「中學教則」與「小學教則」。此教則乃日本教育史上首次頒行之「國民教育令」。由於一八七二年頒布的「學制」未能顧及地方實情，學校之設置與現實社會脫節而過於理想，致有若干地方排斥小學而開設私塾之情形發生。（註二四）當時剛從歐美考察回來的田中不二麿（文部大輔）以爲日本的教育，應如美國之享有充分的自由，乃著手修改教育法令，於一八七九年九月二十九日，以「太政官布告第四〇號」令公布經其修改之教育令（自由教育令），將重點置於小學教育方面，而僅大體規定設置小學之區域，至於有關課程、學費等細節則由各該地方之町、村來協議。此令一出，竟遭地方人士之誤解，以爲政府已放棄強迫就學。結果，當時所推行的義務教育不但效果不彰，反有退步現象，致教育當局所受責難頗多，田中乃不得不於翌年三月辭職。河野敏（註二五）爲文部卿以後，即著手修改經田中之手完成的教育令，於同年十二月二十八日頒布「改正教育令」（第二教育令）（註二六），將小學學區之劃分、設置及其裁撤等事委由地方政府首長來決定。遇有重大事件，則須經文部卿之同意方可決定。並把國民接受義務教育的時間定爲三年，獎勵設公立師範學校，以培養師資。然此「改正教育令」無非欲貫徹頒布「學制」當時之勸學主義，以便徹底推行其義務教育，致當時具有自由思想的人士以爲它是「干涉教育令」而加以批判。一八八一年一月十四日發行的《東京日日新聞》也指責它是從自由主義轉爲強迫主義的新教育令。

「改正教育令」公布以後，復於同年五月四日以「文部省達第十一號」令公布「小學教則綱領」，將小學分爲初等（三年）、中等（三年）、高等（二年）三科。七月，公布「中學校教則大綱」；八月，公布「師範學校教則大綱」，對於府、縣立專門學校和職業學校，則於一八八二年三月公布「醫學校通則」，七月，公布「藥學校通則」；明年四月，公布「農學校通則」；又明年一月，公布「商業學校通則」。（註二七）

明治政府公布「教育令」以後，雖已留意其國民之德育，但修身科卻被置於其他學科之下而不太重視。直到「改正教育令」公布以後，方纔使修身科居於各學科之首，成爲反對民主思潮教育之中心科目而扮演重要的角色。（註二八）

一八八一年六月，當時的文部卿福岡孝悌（註二九）爲匡正時弊，乃把「小學教育員心得」（小學教育員須知）分發給全國各府、縣，大肆鼓吹尊皇愛國主義，並言使國民成爲善良之士，較之使其增加知識更爲重要。他認爲教育之要在於教師本身須自尊、自重，如此方能培養學生之品德，而大肆鼓勵儒教主義教育。一八八二年一月，明治天皇降勅頒發其侍講元田永孚（註三〇）所撰《勸學綱要》給全國各級學校。該詔勅之大意謂：「彝倫道德乃教育之根本，此爲中、日兩國之所崇尚。歐美各國雖亦有修身之學，但將它採用於日本而未得其要。方今科學五花八門，本末倒置者不少。年少就學，當以忠孝爲本，仁義爲先。故乃命儒臣編纂此書，頒賜群下，使知明倫修德之要在此」。

迄至一八八五年，爲因應松方正義（註三一）所推行財政政策帶來的景氣之惡化，以確保正規教育之最低水準而必須作大規模的教育改革，乃於同年八月十二日公布「第三次教育令」（註三二），將本來獨立的地方教育機構併入一般行政機構之內。除小學外，也擬設「小學教場」，以爲比照小學之簡易初等教育場所，並廢除小學有關教育科目之規定，準備編輯能夠順應地方實情之多樣化教育課程，同時也採用對小學以上各級教師發給適任證書——免許狀的制度。在實施這種以節省教育經費爲目的而使學校教育組織簡化之同時，也擬將其制度作若干整備。然此一教育令卻因森有禮於翌年三月以後相繼公布「帝國大學令」以下各級學校別之單行勅令，致其辦法未能付諸實現。

一八八五年十二月二十五日，伊藤博文組織其第一次內閣，森有禮被命爲首任文部大臣。森乃著手擴充日本學制。森以爲「國家之富強來自（國民）忠君愛國之精神旺盛，故文部省的主要職責非在培養、喚起此種精神不可」，而以喚起日本國民之忠君愛國的情操爲其教育政策的主要目標。並且認爲：「學校教育應以培養良好人材爲第一，培養學力爲第二。讀、書、算並非教育之關鍵，教育之著眼點在於培養良好國民」。一八八六年二月，於文部省置視學堂。森有禮除公布前舉各級學校令外，也注意各級學校學生的氣質培養，乃獎勵教導軍隊式（國防）體操，而尤重視師範生的馴良、信愛、威儀三德。森之所以要求在中等學校實施軍事訓練，其目的在於培養日本國民之愛國精神。然森卻於一八八九年二月十一日遇刺而亡。因此，明治前期的教育便至此告一段落。

三、〈教育勅語〉的成立及其特色

明治維新以後，由於「自由民權」運動的逐漸昂揚所帶來的民主主義思潮之日益昂揚，使得當時主宰日本政治的藩閥政府感到不安，故從明治十年代前半起，便開始謀求振興前此風靡於日本的儒教思想，藉謀培養其國民之保守思想。出身九州熊本的中央大員元田永孚，乃利用其身爲明治天皇侍講的身分，欲恢復一如江戶時代似的，以儒家學說作其文教政策之根本，並由天皇來掌握全國之教學大權，從而以國家的公權力使其國民道德統一化。與此相對的，居政府中樞的伊藤博文，及井上毅（註三三）等人則想折衷古今思想以樹立日本文教政策的中心思想，所以主張此事應等待賢哲之士出現以後再作處理。（註三四）故於一八七九年上奏「教育議」，以排斥元田之主張。元田則上「教育議附議」來反對伊藤博文等人的意見。可見當時的日本決策當局對於樹立國家的中心思想方面的意見不一致。雖然如此，他們兩派對於壓抑國內逐漸興起的民主主義思潮，與其國民思想之自由發展情勢之須由政府來加以箝制的見解，卻有共識而不絕對的對立。然自自由民權運動組織於一八八四年潰散（註三五）以後，便在政府單方面的主導下制訂《大日本帝國憲法》，於一八八八年公布，第二年十一月二十九日起生效。於是天皇制國家的基礎便由此奠定，在法制上使其天皇的地位屹立不可動搖。此一憲法共分七章七十六條，但對教育方面的條文卻付之闕如而充滿天皇親政與立憲政治之雙重矛盾。它不僅以皇權為根柢，而且又以天皇的權威為確立日本國民精神不可或缺之條件。

早在制訂〈教育勅語〉之前，當時的首相山縣有朋（註三六）便曾在其〈山縣有朋軍備意見書〉中強調，日本的「利益焦點在朝鮮」，認為「為要保護此一利益焦點，對外施政不可或缺者當首推軍備，其次教育」。職是之故，前此所實施師範生畢業以後可以緩召的規定，便被改為須在營服役半年。於是他們就利用精神已被武裝的教師來負責日本的國民教育。結果，日本的教育便與其軍國主義密切聯結起來，成為培養向中國、朝鮮侵略之國民的工具。

一八九〇年（明治二十三年）十月三十日，明治政府公布所謂「千載不滅之聖勅」——〈有關教育之勅語〉。明治政府之所以要公布此一〈勅語〉——詔書，乃由於它在法制上尚未建立穩固其礎，而新的天皇制國家因頒布《帝國憲法》而漸趨堅實以後，須要從思想方面來配合其立憲，以為日本國民的思想指標之故。所以在一八八九年十二月二十四日，當第一次山縣有朋內閣成立以後，便開始草擬此一〈勅語〉。當時擔任起草工作的中心人物爲井上毅，他在元田永孚的協助下，終於完成底稿。其特色之一在於措辭上並無標榜特定的學派、宗派之主張作其中心思想的口吻。特色之二在於貫徹天皇不干涉臣民之良心的原則。特色之三則在於它並未經其國務大臣之副署，而採取不予公布的詔書形式，故有別於具有用法律的制衡力量之一般公務性詔勅。（註三七）如衆所周知，此〈教育勅語〉的全文共三一五字（年月日未計），分前、中、後三段。前段以《古事記》、《日本書紀》所記載有關日本的建國神話爲前提，來說明其建國之由來。言天皇的皇祖皇宗肇國宏遠，樹德深厚。日本臣民克忠克孝，億兆一心，世世濟其美。此乃日本國體之精華，而教育之淵源亦存在於此。中段則具體的列舉日本國民應該遵守的德目。首言須孝順父母，友愛兄弟，夫婦和睦相處，朋友互相信賴。繼則言一旦有緩急，則義勇奉公，以扶翼天壤無窮之皇運。如此則不獨爲天皇忠良之臣民，亦足以顯彰你們祖先之遺風。後段則將其前文所列舉之各種教訓當作皇祖皇宗的遺訓，以爲它們是臣民應該共同遵守之所在。通之古今而不謬，施之中外而不悖。故朕與你們臣民拳拳服膺，庶幾咸一其德，而欲其臣民恪遵此一教訓。此〈教育勅語〉雖本著傳統的忠孝思想，要「爾臣民克忠克孝」，卻又要他們經常遵奉國憲，遵循國法。國家一旦有緩急，就要犧牲小我，義勇奉公，以「扶翼天壤無窮之皇運」。所以它是把中國的儒教與其維新政府成立以後所標榜的立憲主義，以及山縣有朋所構想的軍國主義式國家主義融合在一起，從而欲使日本所有國民都服從天皇命令，有如人之四肢之立刻隨其心所向而行動。抑有進者，日本國民在其天皇與國家之前必須俯伏得五體投地。爲了天皇、國家，必須將自己生命視如鴻毛。因此可說，此〈教育勅語〉實爲要求所有日本國民絕對服從其天皇、國家者。故其所標榜者與其說是封建的儒教主義，無寧言傾向於絕對主義的國家主義，乃是具有抹殺個人良心之強制的機能之詔勅。因此，萬一有一人違反此一目標，或對它壞有敵意，便會遭受嚴厲的處分。而當時任教於東京第一高等中學校的內村鑑三之因拒絕禮拜〈教育勅語〉，致遭解僱的事實，就是最好的例子。（註三八）

經頒〈教育勅語〉以後，明治政府便確立其教化臣民的途徑，不以法律來制訂法規而採用勅令方式，從而確立其「教育法規之勅令主義」，其作爲〈教育勅語〉體制的天皇制教學體制於是完成。自此以後，遂把日本國民導向軍國主義之路，以遂其侵略大陸之野心。

井上毅與元田永孚等人在草擬〈教育勅語〉時，雖曾苦心孤詣的想使它成爲不干涉其臣民之良心的詔勅，不採用一般公務性的詔勅而用發自天皇的旨意來書寫的勅語方式，並不經由其國務大臣來副署，使它成爲不受法律約束的詔書，但此種作法不僅使它變成比一般公務性詔勅更具權威性，而且由於它之被應用於制訂教育法規，竟造成具有法律約束力的結果。

〈教育勅語〉頒布以後，明治政府旋予以複製，將它與其天皇、皇后之像片——「御眞影」分發給全國各級學校，於一八九一年六月制訂「小學校祝日大祭日儀式規程」，使全國各小學每逢慶典與紀念日時，要集合全體師生宣讀它，（註三九）並於一九〇〇年（明治三十三年）的文部省令——「小學校施行規則」中規定「修身（科）須根據〈教育勅語〉之旨趣，以培養兒童之品德，指導其實踐道德爲宗旨」。並且規定在三大節日——神武天皇祭（神武天皇忌辰）、紀元節（開國紀念日）、大長節（天皇誕辰）時，除須向「御眞影」（天皇照片）行最敬禮外，校長必須於典禮會場，在全體師生面前「奉讀」〈教育勅語〉，並根據〈教育勅語〉之內容向學生訓話，（註四〇）以貫徹其教育方針。同時，也要利用各種方式使學生背誦、默寫〈勅語〉全文，使之永生不忘。就臺灣地區而言，除上述者外，每日早晨在操場舉行升旗典禮以後，全校師生必須面向皇居所在的東方遙拜，然後才開始校長的訓話，而學生每當經過放置〈勅語〉與「御眞影」之房門口時，也必須脫帽鞠躬，否則便會受到叱責，甚至挨打。至其小學修身科的教育，則根據教學〈勅語〉之德目來編輯。井上哲次郎（註四一）曾經在一八九一年撰著《勅語衍義》一書，由敬業社發行。此書發刊以後，也被當作教科書來使用，而當時的日本民間人士也有不少人編纂《勅語衍語》，將此〈勅語〉之含義加以敷衍，將其旨意灌輸於廣大群衆的腦海中。

然就如唐澤富太郎在其所著《教科書の歷史》一六四頁所說，〈教育勅語〉頒布以後，對其文字所爲之解釋未必能符合制訂當時教育之目的。例如前舉《勅語衍義》一〇頁對「克忠克孝」一詞所作之解釋云：

國君之於臣民，猶父母之於子孫。即一國乃擴充一家而成，而一國君主之指揮、命令其臣民，猶一家之父母之以慈愛之心吩咐其子孫無異。

這種解釋方式，實與孔子所謂「君使臣以禮，臣事君以忠。」（註四二）「爲人子，止於孝；爲人父，止於慈」（註四三）大相逕庭。雖然如此，我們卻可由此看出其家族的國家觀之因此〈勅語〉而萌芽之端倪。

明治政府除採取上述措施將〈教育勅語〉之內容灌輸給每一學童外，竟將它與其教科書檢定政策相配合。於是當明治二十年代日本的資本主義逐漸形成，輕工業起步，作爲近代國家的基礎奠定，國家主義擡頭以後，中日甲午之戰發生的基因便隱藏於此，終於使日本步上軍國主義之路而無以自拔，致亞洲各國人民，尤其使中國人民遭受古今中外無與倫比的空前大浩劫。

四、明治前期的小學課本

教科書對一個人的影響很大，它不但可以使人的思想發生變化，也可以改變個人的氣質。尤其在義務教育裏，如果全國都使用統一的課本，學習相同的教材，則以此方式訓練出來的衆人一旦步入社會以後，也必然或多或少的將他們從那些課本所受之影響帶進社會，或者因那些課本而形成他的人格。因此可說，教科書可以造就一個人。教科書對人們的影響既如此之大，所以世界各國對它們實施義務教育時所用課本的設計與教材內容的安排，莫不費很大心思來處理，惟恐發生甚麼偏失，產生不良後果。這種情形，對懷有野心，或對力圖富強的國家而言，更是如此，此事可由明治政府所採取的種種措施獲得佐證。

我們可以說明治以後，尤其十九世紀九十年代以後的日本小學教科書塑造了二次大戰以前的日本人。日本人雖然在明治維新以後經過若干波折方纔完成其近代化，但促使其完成近代化的既是教科書，促使其走向軍國主義之路，造成其昭和時代（一九二六～一九八九）發動一連串的侵略戰爭，終於向聯合國無條件投降，亦爲其教科書所促成。由前文可知，明治政府對教育的期望甚殷。所以當它頒布「學制」時，便將日本的近代化與富國強兵政策結合在一起，以爲近代化即等於富國強兵。不過我們得注意的是當時的日本所實施的義務教育，與英國實施的義務教育的情形不同。英國的義務教育，是因爲產業革命給童工們帶來必須過分勞動的悲慘命運。當時，英國的勞動階級認爲接受教育是他們的權利而加以爭取，資方也終於認爲使勞動力之合理的成爲國民的，就該使他們受教育。因此，英國所實施的義務教育，是勞方爲保護勞工而經過長久時間爭取正常的工廠制度所得的，亦即它是在勞動階級的覺醒，與資方的認同之鬪爭中逐漸確立起來。與此相對的，日本的義務教育卻是以其政府之要求殖產興業，富國強兵爲前提，亦即在其國民提出要求享受國民教育之權利之前，由明治政府主動實施的。（註四四）因此可說，日本的國民教育被認爲是其國民應盡的義務而非「市民的權利」，所以是以強迫接受教育爲基本條件。並且以一切費用由接受義務教育者自行負擔爲原則。（註四五）此事雖然引起當時的日本人士之不滿，但在此姑且不談。

我們必須注意日本實施義務教育，尤其在頒布〈教育勅語〉以後，其教科書，尤其小學課本究竟如何編排，以配合其殖產興業，富國強兵的問題。大家都知道，明治政府在頒布「學制」以後，曾經刻意使其天皇神格化，培養其國民的神國思想。惟在明治初期所採用的教科書偏重於知識之傳授，對修身方面並未給予應有之重視，故使用西文譯本者亦復不少。例如：阿部泰藏所編《修身論》三册，係由文部省刊行的修身課本，它譯自美國魏蘭多（Wayland Francis：一九七六～一八六五）的 Elements of moral Science；福澤諭吉（註四六）的《童蒙教草》五册，則是譯自詹巴(Chamber)的 Mord Class Book；中村正直的《西國立志論》十一册，係從英人斯麥士(Samuel Smiles)的 Self Help 譯過來的。不過這種醉心於歐美文化的教科書在經過五六年以後便遭淘汰，代之而起的就是以儒家思想爲中心的，亦即恢復其前近代所重視的儒家倫理教育。（註四七）此一時期的教科書印有天皇家的標幟——菊花紋，致難免使人感覺它是一種勅撰課本，所以在一八七〇年代後半便加強修身教育而強調仁義忠孝。其所以如此的原因可能在於後藤象二郎（註四八）等人因主張征韓失敗，於一八七四年下野以後所倡導的「自由民權」運動之形勢逐漸擴大而欲加以壓抑所致。明治天皇在一八七七年所頒〈教學大旨〉中，因憂慮日本「自由民權」運動者之徒然競相學習歐美風潮，將仁義道德拋諸腦後之流弊謂：「將來所憂慮者，終於不知君臣父子之大義。……自今以後，專肆闡明仁義忠孝，道德之學以孔子爲主」。故文部省所發布「小學條目」二件之一繞說：在校內「懸掛古今忠臣、義士、孝子、節婦之畫像、照片，當年幼學生入學時首先提示這些畫像，並簡單說明其生平，將其忠孝之大義灌輸於其腦海中」。所以此一時期的國民教育，是以支撐其統一的中央集權制之儒教作其思想體系。並且從一八八一年五月四日，以「文部省達第十二號」令，向其全國各府、縣發布「小學校教則綱領」以後，修身科便躍居其他各學科之首。次年，《小學修身書》一經出版，其小學教育便完全進入儒教主義時代。（註四九）例如前舉「小學校教育員心得」中所謂：「教員尤須致力於道德教育，使學生（能夠）忠於皇室，愛護國家，孝順父母」，即強調要其小學教師致力於封建的忠孝教育，以培養其民族幼苗之愛國情操。而這種修養教育的代表性課本就是元田永孚奉明治之命編纂，一八八二年頒行於全國各小學的《幼學綱要》。此《綱要》之特點在於強調國家、父母之恩與忠孝，亦即強調要對國家盡忠，對父母盡孝。每一個國民都要能夠服從於封建的統治，以報答國家之恩，此為至高無上之道德。既以報答家國之恩為至高無上之道德，則倡導「自由民權」運動的行為自屬不忠不孝。大逆不道的行為應予排斥。所以此一時期的修身教育之具有壓抑「自由民權」的作用，實至為明顯。因此，福澤諭吉曾於一八八三年五月二十六日在其〈儒教主義の成跡甚だ恐る可し〉一文中，批判這種一味採取儒教經典作為修身課本的作法，不僅無法消弭一般民衆有關政治之議論，（註五〇）而且這種教育的弊端有如人之吸鴉片，其毒素之蔓延於全身而顯露於面部須經長久歲月。此固為經世者最須用心以避免，政府當局竟自十年以前即犯此過，致目前其病毒正出現於眼前而猶未想到治療它的方法。是知過不改，抑或欲改而技窮？無論如何，都難辭其咎。（註五一）「小學校教則綱領」公布以後的思想教育之特色，不僅出現於修身課本，也表現在歷史、讀書、音樂教科書上。就歷史科而言，此一時期的歷史教育已變成以國家主義為核心的修身教育之輔助工具，故其歷史教育被視為教導國民道德之手段，而這種課本可以椿時中編《小學國史紀事本末》（一八八二年），及大槻文彥編《校正日本史》為代表。（註五二）「小學校教則綱領」第十五條云：

歷史，至中等始授課，就日本史中有關建國之體制，神武天皇之即位，仁德天皇之節儉，延喜、天曆之政治，源、平二氏之盛衰，南北朝之兩立，德川氏之治績，王政復古等重要事實，及其他古今人物之賢否，風俗變遷之大要加以講授。講授時務使學生瞭解其沿革之原因與結果，尤其須要培養他們尊王愛國之志氣。

由此看來，十九世紀八十年代的日本歷史科教學的目標是尊王愛國，而與其修身科結合在一起，藉收雙管齊下之效。這種作法，自必與當時政府之處心積慮的欲向大陸擴充勢力的政策有關。

迄至一八八六年（明治十九年），日本的教育在森有禮的主持下，竟採教科書檢定制度，亦即教科書的內容受政府管制。（註五三）森有禮雖從事改革教科書制度，並使伊澤修二（註五四）擔任文部省編輯局局長，主持修定教科書，卻因森遇刺而未能完成計畫。然就由國家來統制教科書之編纂，以培養國民精神而言，其意義之重大自不待言。

自從〈教育勅語〉於一八九〇年十月三〇日公布以後，日本小學修身科的教學目標便已奠定。「小學校教則大綱」云：

修身科教育之要旨在於根據〈教育勅語〉之旨趣，啓發、培養兒童之良心與德性，授以實踐人道之方法。

其教學目標既作如此決定，教材之德目亦定爲忠義、孝悌、友愛、仁慈、信愛、禮敬、義勇、恭儉等，而每年均根據這些德目予以重複講授，使學童們耳熟能詳，以符合其〈教育勅語〉之旨趣。（註五五）

例如《小學修身經》，卷一，第一課〈鳳輦〉的右邊揭示天皇行幸圖，左邊則寫「てんしさまをたふとむべし」（應尊敬天皇）。第二十課〈軍艦〉，其課文則言：「くにのためにはみをもわすれよ」。（為國應忘已身）而完全配合其〈教育勅語〉之旨趣，及政府向大陸擴張勢力之方針，強調忠君與愛國。其他年級的課本當然亦有與此類似之教材，因篇幅關係，姑予省略。

就讀書科而言，只秀三郎編《尋常小學讀本》第六册第二課〈日の旗〉云：

御國の旗は、あさひかげ、
　さしならぶべき　國やある。
いくさの時も、常の日も、
かがやきわたる　日の旗ぞ。
　アハレハレ、日の旗　わが日の旗、
八洲の外まで、てらせ日の旗。

旭日ににほふ、さくら花、
はなばなしきは　つわものぞ。
國の光を　輝かし、
高くかかげよ、日の旗を。

アハレハレ、日の旗、わが日の旗、

八洲の外まで、てらせ日の旗。

とよさかのぼる日の本の、

めぐみあまねき御かげかな

はつこの末の　すえまでも

あふぎまつれや、日の旗を。

アハレハレ、日の旗　わが日の旗、

八洲の外まで、てらせ日の旗。

此一課本雖然在一八八七年就已出版，卻可看出在公布〈教育勅語〉前夕之教育之走向，而它曾被使用到中日甲午之戰結束以後。由課本之內容可知，它不但洋溢著國粹主義，而且已有濃厚的向外侵略的意味。

就此一時期之音樂教育而言，也被利用爲培養日本國民之軍國主義思想之工具。就如一八九一年由文部省「祝祭日唱歌審查委員會」主持編纂的《祝祭日唱歌》中的〈一月一日〉（千家尊福作詞，上眞行作曲）、〈元始祭〉（鈴木重嶺作詞，芝葛鎮作曲）、〈紀元節〉（高崎正風作詞，伊澤修二作曲）、〈神武天皇〉（丸山作樂作詞，林廣守作曲）、〈春秋季皇靈祭〉（谷勤、板正臣作詞，小山作之助作曲）、〈天長節〉（黑川眞賴作詞，奧好義作曲）、〈勅書奉答〉（勝安房作詞，小山作之助作曲）等，無一非標榜國家主義，及以尊崇其天皇爲內容者。中日甲午之戰以後，則更以〈南朝忠臣の歌〉（落合眞文作詞，小田正雄作曲）、〈勇敢なる水兵〉等歌曲來激起日本國民忠君愛國的精神。而兒歌〈桃太郎〉之類的歌曲，其歌詞含有濃厚的侵略意味，故它們對於孩童幼小心靈的影響，實遠較一般教材爲深遠。尤其在甲午之戰後，日本當局因自滿清手裏獲得臺彭地區而氣燄高張，自負心更爲加強。在這種情形下更加深他們的國家主義之觀念，且將此精神凝聚於其忠君愛國方面，亦即此一戰爭的勝利使他們的腦海中更加充滿國家至上，天皇至上之念頭。於是睥睨東亞其他各國，將自己天皇捧在天上，而侵略大陸的野心亦更爲猖狂。

這種情形也自然反映於其學校教育方面。如據唐澤太郎《教科書の歴史》所紀，則有些小學竟在進入玄關處懸掛大匾額，匾額之下畫有地球儀，且在該地球儀之相當於日本首都東京的地方畫迎風飄揚的太陽旗。地球儀上端則畫類似其神代之神祇的人物，該人物的頸上戴著勾玉，左手持八咫鏡，右手執劍，並駕馭著靈鷹，睥睨天上天下而萬丈光芒從人像之左後方向四面照射，（註五六）使其學童在朝夕目染中灌輸日本爲神國而君臨世界的觀念。該畫中的人物既佩帶「三種神器」（註五七），則該是象徵其天皇的人物。該校將上述圖畫繪於學校建築的入口處，應該是欲使其學童認爲日本是神國，天皇爲神，天皇君臨此一世界，主宰此一世界，天下萬邦都應歸服於日本而殆無疑慮。

這種對小國民灌輸神國主義，國家至上主義的作風，當然也顯現在教科書，尤其在歷史教科書上。那些歷史課本所強調的，無非是天皇爲萬世一系而身爲臣民者必須忠君愛國。「小學校教則大綱」對歷史科所作規定云：

日本歷史以使（兒童）瞭解本（日本）邦國體之大要，及培養（他們）身爲國民者之志操爲宗旨。

在尋常小學教材中加日本歷史時，須從有關鄉土之歷史故實開始，逐漸授以建國之體制，皇統之無窮，歷代天皇之盛業，忠良賢哲之事蹟，國民之武勇，文化之由來等概略，使知自國初至今事歷之大要。

由此可知，其歷史科教學之目標，不僅要使日本國民瞭解其憲法所標榜的「萬世一系之天皇」，也要使其兒童在長大成人以後遵循〈教育勅語〉所謂「扶翼天壤無窮之皇運」，成爲「朕忠良之臣民」。

因此，本庄太一郎《歷史教授法》（一八九二年）乃說：

在普通教育範圍內的中小學對各種學科的教授，其實並非其直接目的，僅是權宜措施（變通辦法）。因此，高尚的文明史（之教授）不僅（無法達到教授）人類發展史之目的，而且直接以教授歷史爲目的的作法之本身已經是一種錯誤。所以小學的歷史並非要教以史學，其著眼點在於根據有關史學之交際上的知識，來陶冶學生之品德。職是之故，要講授楠公（註五八）在湊川爲效忠天皇而死的情形，而且其目的除使學生如此一史實外，還要藉此以激發學童忠君之情操。

又說：

我們姑且不談（日本）國史之在國民教育上具有非常之效果，即僅就其使他們瞭解之知識而言，瞭解我（日本之）國體如何？瞭解萬世一系之皇統乃我（日本）國之偉人，尤其瞭解在國外發揚日本國威的人物之事蹟，此乃（日本）國民所必須（具有之知識）而無與倫比。

更說：

歷史科除最適宜培養國民精神外，也最具備道德教育之效果。因爲小學修身科的教授，在性質上幾乎與歷史科無異。……修身科以教授道義爲主，爲要達到此一教學目的，乃引用（歷史）人物的行爲（以爲證）。歷史科教學則以顯揚偉人事蹟爲主，並爲下正邪之判斷而引用道義作證。故須與修身科相輔相需，方能達到同一目的之效。

如據本庄太一郎的說法，則修身科教學的目的並非教導學生們待人處世的方法，歷史科的教學目的亦非使學生們瞭解史實，乃是要將它們用作訓練國民忠君愛國之工具，亦即將〈教育勅語〉巧妙的應用於培養其學童的國家主義、軍國主義之觀念，將〈教育勅語〉當作「錦の御旗」來左右其教育。在這種情形下，便先後經由馬屋原彰、（註五九）安藤龜太郎、（註六〇）星松三郎（註六一）等人的建議，及經由其國會的表決，決定將小學課本由國家來審定。至其國定修身科教科書的編纂，則是以「根據〈勅語〉之旨趣，以培養兒童之品德，指導其實踐道德，並授以成爲健全的日本國民所必須之道德要旨爲目的」。（註六二）

日俄戰爭以後，日本國粹主義者更因其再次獲得對外戰爭之勝利而竟以爲忠孝之大義纔是日本國體之精華，故應將它作爲日本人永恆不變之特色而留給子孫，所以應修訂修身科課本以符合此一要求。

於是文部省乃於一九〇八年設教科書調查委員會，決定全面修訂修身科教科書，以期「將國民道德徹底灌輸給每一個國民」。並於第二年召集其全國各師範學校擔任修身科的教員，舉行有關國民道德的講習會。一九一一年則召集各師範學校、中學校及高等女學校教師，請穗積八束（註六三）為他們演講有關家族、國家的觀念，與封建的家族主義倫理。（註六四）

由於當時的日本產業界不時發生勞資糾紛，而社會主義思想又已擡頭，故其教育當局乃擬重新喚起明治以來所培養之精神，以鞏固其年輕人的家族觀念，從而重新建立他們更堅實的效忠天皇，效忠國家之觀念——加強國民道德，重視家族的國家倫理。例如在此一時期所編小學高等科二年級第三冊第十一課課文所說：

我（日本）國以家族制度為基礎，舉國成為一大家族。皇室是我們本家，所以我們（全體）國民要以子女敬愛父母的心情來崇敬萬世一系的皇位。忠孝合一而不分。……忠孝一致實乃我（日本）國體之特色。

其所言者，即對父母盡孝與對國家盡忠，二而為一，都是在同一個大家族內的行為。所以身為國民者，均應為萬世一系的天皇陛下盡忠。其所以要培養此種國家觀，無非欲將它作為支撐其天皇制國家的思想體系，進而更容易控制其民心，使其全體國民盡心盡力為其軍國主義者作其所欲為之事。

此一時期的小學課本，除修身科外，讀書科課本也強調國家觀念。由於在一九〇七年修改「小學校令」，將尋常小學校的就學年限延長為六年的義務教育，故其課本共有十二冊。值得注意的是其由

芳賀矢一、乙竹岩造、三上忠造等人主持編撰的國定本教科書，增加不少有關軍國主義的教材。例如：卷一的卷首有象徵日本的太陽旗，中間有キクノゴモン、キリノゴモン之句，且在這些句子之上繪有象徵日本的皇室之菊、桐花紋。稍後則有：ヘイタイガ　ナランデ　キマス。アノ　ハタヲ　ゴランナサイ。アレガ　グンキ　デス。之句，並繪有部隊行進與軍旗之圖。又如卷二，第三課，キクノハナ

ミナサンニキクノハナヲアゲマス。タケヲサンニハナヲアゲマセウ。ボクニハコノシロイノヲクダサイ。オトヨサンノハドレニシマセウ。ワタクシニハソノキイロナノヲクダサイ。オハナサンハ一バンチイサイカラ、一バン大キイノヲアゲマセウ。ヲバサンハ　一バン大キイカラ、一バンチイサイノヲトリマス。サア、ミンナデ一ポンヅツモッテ、キミガヨヲウタヒマセウ。

キクノハナ（菊花）乃日本皇室之象徵，キミガヨ則是日本國歌而歌頌其天皇之永恆不滅者。由此可知，當時的讀書科課本是從第一册開始便企圖將國家主義與軍國主義灌輸給稚童，而此種傾向乃隨學童年齡之增加而更爲濃厚。例如：卷七的〈廣瀨中佐〉，卷八的〈橘中佐〉，卷九的〈水兵の母〉、〈我が陸軍〉、〈靖國神社〉，卷一〇的〈水師營の會見〉、〈兵營の生活〉，卷一一的〈我が海軍〉，卷一二的〈日本海海戰〉、〈軍人に賜りたる勅語〉等，無不以中日甲午之戰或日俄戰爭，及與其軍隊之生活，軍人應有之操守有關者爲內容而在在顯露其標榜軍國主義之目的。

就明治末年之音樂課本而言，自三年級至六年級共四册八十首歌中，國家主義、軍國主義色彩濃

厚者共有二十八首，歌唱自然風物、季節者有二十六首，歌唱勤儉生活與讚美殖產者七首，教訓色彩濃厚者十六首，其他三首。(註六五)由此觀之，強調國家主義、軍國主義之教材竟佔全體教材的三成五，則它們與修身、讀書等學科的教材加起來，其數量便相當可觀了。

六、結語

由前文可知，自從明治政府於一八九〇年頒布〈教育勅語〉以後，日本的國民教育乃爲配合其執政者的野心，而逐漸加強以「萬世一系」之天皇爲中心的國家主義、軍國主義教育。其爲提高民智，殖產興業所作之一切措施亦莫不根據此一目標而爲。故其修身課程遂逸出學習待人處世之範疇，而以講授忠孝節義爲重點，將天皇至上，軍國第一之觀念烙印於天眞無邪的兒童之腦海中。在讀書科的課本上，也隨著時局之進展而逐漸增加此類教材，並且透過音樂課程，以加強培養學童們忠君愛國的情操，使之一旦有緩急，便能夠「扶翼天壤無窮之皇運」，而步上天皇制教育之路。至於歷史科教育，則以培養其國民尊王愛國精神爲目標，變成原以國家主義爲核心的修身教育之輔助工具。

當時日本當局雖然標榜其政治的立憲體制，然其教育卻在一味培養「軍國之民」，疏於講授有關政治、法律、經濟、社會各方面的知識。這種情形與封建時代「民可使由之，不可使知之」的作法同出一轍。直到二十世紀十年代，在吉野作造(註六六)等人所倡導民主主義思潮之下，其教科書方纔有若干與一般公民教育相關的教材出現，而忠君愛國的色彩比較淡化。例如在一九二二年刊行的修身課本卷五第一課課文之措辭已改前此所慣用之「大日本帝國」而改用「我が國」，將「忠君愛國」說成「忠義」、「舉國一致」。同時也加上若干有關社會倫理方面的教材，例如卷五的〈公益〉（第五課）、〈衛生〉）（第六、七課）、〈勤勞〉（第十三課）等是。然自一九三三年以後所使用稍具民主色彩的課本，卻復為反映其軍權之擴張而恢復鼓吹忠君愛國之精神，而且藉此構築其國民根深柢固的思想體系。於是乃大肆倡導其「肇國精神」與神國觀念，而將在大正時代（一九一二～一九二六）所授市民之倫理復為臣民之倫理。（註六七）要日本臣民視天皇如父母、神祇，（註六八）致其讀書科教材也充滿有關軍隊方面的文章。例如：〈兵營だより〉（卷七）、〈大演習〉（卷八）、〈軍艦生活の朝〉（卷九）、〈機械化部隊〉（卷一二）、〈ほまれの記章〉（卷一一）等等，都是強調軍國主義萬歲者。所以如將此類課本稱為頌揚其櫻花精神的「櫻花讀本」，也不過分。以此類課本訓練出來的國民的腦海裏，必然只有「大日本帝國」與「天皇陛下」了。於是超國家主義、法西斯主義瀰漫於其全國，（註六九）高唱「八紘一宇」、「大東亞共榮圈」、「共存共榮」，並大罵反對其這種作風的英、美為「鬼畜」，肆無忌憚的向亞洲各國發動侵略，而欲將自己幸福建築在其他國家人民不幸的身上。然其夢想與野心終因戰敗而幻滅，直到戰後方纔邁進民主國家的坦途。

註釋：

註　一：培里，美國東印度艦隊司令。一八五三年（嘉永六年）前往浦賀（伊豆半島）要求江戶幕府開放門戶。因幕府要求於明年再來而離開。一八五四年復至江戶（東京）灣，與幕府簽訂「日米和親條約」，使日本開放下田（伊豆半島）、箱館（北海道，今函館）兩個港埠，且於返國途中與琉球簽訂通商條約。

註二：日米和親條約，又名神奈川條約，此係江戶幕府與培里所訂打破其鎖國政策之第一個條約。日本的全權代表爲「大學頭」林煒（一八〇〇～一八五九），江戶町奉行井戶覺弘等人。此一條約之主要內容爲同意美國船舶停靠下田、箱館兩個港埠，在日購貨，及於下田設領事。美國船隻之停靠日本港埠的主要目的在於補給燃料、食糧、淡水。交易則必需經由日本官吏而禁止私人買賣。

註三：下田條約，日米和親條約之續約，係規定日方所開放門戶之使用細則者，亦稱「日米約定」。此乃下田奉行與美國駐日總領事哈里斯（Townsend,Harris，一八〇四～一八七八）所訂。它規定美、日兩國同種同量貨幣之交換，及領事裁判權，領事在日之旅行權等。此一條約簽訂以後，在日美人的權利便因而擴大。它除補充日米和親條約之內容外，也成爲「日米修好通商條約」之前驅。

註四：江戶幕府與美國簽訂「日米修好條約」後，於一八五四年八月和英國簽訂「日英和親條約」，爲英國開放長崎、箱館兩個港埠。十二月，又與俄國簽訂「日露和親條約」，爲其開放下田、長崎、箱館等港埠，及勘定國界——庫頁島。該島由日、俄兩國人民共同居住，千島列島之擇捉島以南歸日本，以北屬俄國。一八五五年十月，更與法國簽訂「日佛和親條約」；十二月，與荷蘭締結「日蘭和親條約」，爲荷蘭開放下田、箱館、長崎三個港口。

註五：大政奉還，江戶幕府第十五任將軍德川慶喜（一八三七～一九一三），爲其國內情勢所逼，於一八六七年十月十四日向其朝廷要求歸還政權。翌日，此一請求爲其朝廷所接受。

註　六：地租改正，由明治政府所爲土地制度與其土地課微稅賦的改革。承認農民前此已擁有之土地所有權而發給「地券」——所有權狀，課以定額的稅金。一八七二年，該政府解除土地永久買賣令，發行壬申地券。在另一方面，它又爲統一稅制而於翌年七月制訂地租改革條例，地方官須知等改革地租的法令，及實施土地之規畫、丈量，地價之核算，發給新土地所有權狀等。其地價則根據每畝田的收穫量而將它換算成爲每石之價格，然後扣除種籽、肥料、村庄費等，將其餘額用一定利率來加以資本的還原。地租爲地價的百分之三，村庄費爲百分之一而相當於收穫量的百分之三十四。惟因佃農所繳以租爲基準的檢查條例第二則幾乎未被採用，而一八七五年設「地租改正事務局」，且根據檢查條例第一則來實施，並將其完成工作的時間定爲一八七六年而予以強制執行，致引起強烈反對，乃不得不於一八七七年一月將地租降爲百分之二點五，村庄費降爲百分之零點五。減租後，其應繳數目雖與原來租稅大致相同，卻在松方正義（一八三五～一九二四）所推行的緊縮財政政策下，於農民之間引起急速的階級分化而確立了地主制。

註　七：學制，一八七二年八月，明治政府所訂近代學校制度的法令。原有條文共一〇九章，後來增爲二一三章。並與它同時公布「學事獎勵に關する仰せ出され書」，以闡明立身、治產、創業之實學主義的教育理念，和步向全民皆學之目標。其重點在於設置大中小學區、督學局、教員養成學校。其特色則在於全國共設八個大學區，每一大學區設三十二個中學區，每一中學區，設二一〇小學區之金字塔式學區。此一學制實施三年以後，全國共設了二四二二五所小學。惟其多數由私塾改編，就學率則僅有三成上下。此學制於一八七九年廢除，改為「教育令」。

註　八：徵兵制，自一八七三年一月起，至第二次大戰因戰敗被解除武裝為止，日本男性國民應服之義務兵役制度。此一制度係根據一八七二年十一月所發布之徵兵詔諭，及其太政官之「徵兵告諭」而實施。此乃山縣有朋（一八三八～一九二二）等人根據江戶幕府末年之體驗，並參考歐洲之軍制制訂者。實施之初，曾反映當時各家庭之情形與社會結構而可以請人代服其役。經一八七九、一八八三年兩次修正，至一八八九年作最後修正以後，便成為全民皆兵而廢除一切免役、代理之規定。此後，每經一次戰爭，其作為天皇制軍隊的特性便愈為濃厚。迄至一九二七年，更制訂兵役法，直到一九四五年戰敗方纔廢除。

註　九：內閣制度，日本的最高行政機關制度，由內閣總理大臣（首相）及各國務大臣所組成。一八八五年廢除原有之太政官制，而根據「太政官達第六十九號」令設置。此一制度以實施憲法所規定之事項為前提。

註一〇：憲法，一八八九年公布《大日本帝國憲法》，採天皇主權主義，規定廣泛的天皇之大權，國民的權利、自由及參政權則被壓至最低限度。因此一憲法成為軍國主義之支柱，故於二次大戰後見廢。

註一一：安川壽之輔，〈日本資本主義の發達と教育〉，收錄於講座《現代民主主義教育》，第二冊，頁三七～三九。

註一二：《皇室典範》，規定皇室制度的基本法。一八八九年與《大日本帝國憲法》同時制訂。由皇位繼承、踐祚即位、成年立后、立太子、攝政、皇族、皇族會議等十二章六十二條而成。此乃可與《憲法》並列之最高法典，對其內容之訂定不許議會干預。曾分別於一九〇七年及一九一八年增補兩次，戰後廢除。現行的《皇室典範》則於一九四七年與其公布「憲法」之同時，當作可由議會來議決之 般法律而予以公布實施。分爲皇位繼承、攝政、皇族、皇室會議等五章三十七條。

註一三：木戶孝允（一八三三～一八七七），出身長洲藩的政治家。號松菊、木圭等，俗稱小五郎。和田昌景之子，過繼給桂家。一八六五年改姓木戶。在江戶幕府末年的尊王攘夷，討伐幕府運動中居於領導地位。曾習西方兵術於江川英龍（一八〇一～一八五五）之門。與西鄉隆盛（一八二七～ 八七七）、大久保利通（一八三〇～一八七八）等被稱爲明治維新三傑。維新後歷任徵士、總裁局顧問、參議等職。主張征韓，並爲推動「版籍奉還」、「廢藩置縣」而努力。一八七一年，與岩倉具視（一八二五～一八八三）等人考察歐美政治東歸後，主張內政優先而反對征韓，更因反對大久保利通進兵臺灣而下野。明年，經大阪會議與大久保妥協以後復爲參議，擔任第一次地方官會議議長。病歿於西南戰役之時。

註一四：岩倉具視（一八二五～一八八三），號對岳。公卿。政治家。京都人。堀河康清之子，岩倉具慶之養子。一八五四年擔任孝明天皇（一八四七～一八六六在位）侍從。一八五八年，當幕府老中堀田正睦（一八一〇～一八四六）至京都要求皇室批准「日米和親條約」時，與其他八十八名公卿聯合反對而使其無法達到目的。後來提倡公卿、武士合一，並勸公主和宮（孝明天皇之妹。一八四六～ 八七七）下嫁第十四任將軍德川家茂（一八四六～一八六六）而受尊王攘夷派之攻擊，致被指爲四奸之 。一八六二年於辭去官職之同時被命閉門思過。之後，其思想逐漸傾向於討伐幕府，與勤王之士互通聲息。一八六七年，獲明治天皇（一八六八～一九一二在位）之赦免以後，乃與大久保利通等人發動王政復古之政變，成爲樹立維新政府的中心人物。歷任副總裁、議定、大納言等職，在廢藩置縣時亦扮演重要角色。一八七一年擔任外務卿，尋爲右大臣兼特命全權大使，率領政府首腦前往歐美修改不平等條約。返國以後，反對征韓而致力於充實內政。在「自由民權」運動擴大之前採擁護天皇制之立場，使井上毅（一八四三～一八九五）草擬欽定憲法之原則，鞏固了明治憲法體制之基礎。並且又爲其貴族階級籌設第十五銀行，及創日本鐵道會社，致力於士族之授產工作。

註一五：伊藤博文（一八四一～一九〇九），號春畝。出身長州藩之政治家。從木戶孝允參與尊王攘夷運動。一八六三年，與井上馨（一八三五～一九一五）偕往倫敦。聞英、法等四個艦隊砲轟下關，乃返國從事和談工作。此後，參與討伐幕府運動而對建立明治政府頗有貢獻。一八七一年，以副使身分隨岩倉具視赴歐美考察。返國以後抑制西鄉隆盛等人所提倡的征韓論，擔任參議兼工部卿。大久保利通死後任內務卿之職，從而鞏固其在中央政府的地位。一八八一年，因政變而將其政敵大隈重信（一八三八～一九二二）逐出政壇，成爲最高階層之領導者。明年，爲考察憲法而渡歐，學俄國憲法。東返後創華族制度與內閣制度，設樞密院，制訂《大日本帝國憲法》，《皇室典範》等，爲確立天皇制而努力。一八八五年，擔任首任內閣總理大臣，樞密院議長。一九九二年，組第二次內閣，發動中日甲午之戰。一八九八年，組第三次內閣，但因受自由、進步兩黨之反對而下野。兩年後，組立憲政友會且擔任其總裁，組第四次內閣，翌年辭職。一九〇三年，擔任樞密院議長。日俄戰爭（一九〇四～一九〇五）以後爲首任韓國統監，踏上強行兼併李氏朝鮮的第一步。一九〇九年，爲考察中國東北地方，及爲與俄國改善關係而赴華，在哈爾濱爲韓國青年安重根

（一八七九～一九一〇）所暗殺。

註一六：森有禮（一八四七～一八八九），出身薩摩藩的政治家、思想家、教育家。奉藩命留學英、美，返國後擔任中央政府官員。歷任「學校取調掛」、駐清公使、駐英公使以後，參與創設「明六社」。一八八五年第一次伊藤內閣之文部大臣。因採德國之教育思想而提倡國家主義教育，致引起國粹主義者之反感，被刺而亡。

註一七：山田顯義（一八四四～一八九二），俗稱市之允。號空齋、養浩齋、韓峰山人等。政治家。陸軍中將。長州人。一八六九年擔任兵部大丞。兩年後隨岩倉具視赴歐。一八七三年任東京鎮臺司令，同年兼任赴華特命全權公使。翌年平定佐賀之亂。一八七七年，因平定西南戰役有功，升為中將。明年，為元老院議官。又明年，任參議兼工部卿。一八九三年，擔任司法卿。另一方面，自一八七八年起擔任刑法草案審查委員，從事法典之編纂工作。第一次伊藤內閣之法務大臣，及黑田清高（一八四〇～一九〇〇）內閣、第一次山縣有朋內閣、第一次松方義內閣之法務大臣。

註一八：昌平黌，又名江戶學問所、昌平坂學問所。江戶幕府主辦之學校。初為林鵝峰（一六一八～一六八〇）所開設之私塾，因第五任將軍德川綱吉（一六四六～一七〇九）獎勵文教，於一六九一年將原在上野忍岡的孔廟遷至湯島以後，林家便被任命為大學頭而主持其事。之後，其校務雖不振，然自一七九〇年壓抑異學（朱子學以外之學說）以後，便成為官立的昌平坂學問所而登用林家以外的學者擔任教育工作。並將它作為教育「旗本」子弟的場所，且別設「諸生寮」而准許陪臣、浪人之子弟就學。迄至幕府末年，則集各藩之優秀子弟就讀而盛極一時。明治以後，爲新政府所接受，名爲昌平學校。後來改稱大學校，一八七〇年停辦，翌年裁撤。

註一九：開成所，江戶幕府的西學教育機構。一八六二年，將「蕃書調所」改稱「洋書調所」，並擴充其組織而於翌年改稱開成所，成爲教授荷、英、法、德、俄等國家的語言與自然科學、軍事學等學科的綜合教育機關。教授有西周（一八二九～一八九七）、神田孝平（一八三〇～一八九八）、加藤弘之（一八三六～一九一六）、津田眞道（一八二九～一九〇三）等著名學者而成爲幕府西學之泉源。幕府滅亡後曾一度予以封閉。一八六八年，明治政府加以重開，改稱開成學校，旋稱大學南校。後來爲東京大學所合併。

註二〇：唐澤富太郎，《教科書の歷史》（東京，創文社，一九八〇年一月）。

註二一：清水澄，〈明治以降における行政法規の沿革〉，收錄於國史研究會編，岩波講座《日本歷史》，第八卷（東京，岩波書店，一九三四年八月）。

註二二：大木喬任（一八三二～一八九九），出身佐賀藩之政治家。俗稱幡太，後來改稱民平。一八六八年成爲明治政府之徵士參與，致力於將首都遷往東京。歷任東京府知事、民部卿、文部卿等官，一八七三年爲司法卿。一八八〇年擔任民法典編纂總裁，及元老院議長。一八八九年任樞密院議長。明年，任法務大臣。又明年，爲文部大臣。

註二三：田中不二麿（一八四五～一九〇九），出身尾張藩的政治家。於幕府末年投身尊王攘夷運動，任維新政府參與之職。一八七一年任文部大丞。曾隨岩倉具視赴歐，返國後於一八七四年任文部大輔。將其考察歐美教育之實況與研究成果著爲《理事功程》十五卷。一八七九年，爲制訂自由主義的教育法規——教育法令受非難。明年，轉任司法卿，爲制訂刑法、治罪法而努力。一八八四年，擔任駐義大利公使；三年後轉任駐法公使。一八九〇年，爲樞密顧問官。明年，擔任第一次松方正義內閣之法務大臣。一八九六年，擔任「條約實施準備副委員長」。

註二四：唐澤富太郎，前舉書頁一〇五～一〇六。

註二五：河野敏鎌（一八四四～一八九五），出身土佐藩的政治家。曾至江戶受學於安井息軒（一七九九～一八七六）之門。返鄉後，與武市瑞山等人參加尊王攘夷運動。一八六三年，因藩內方針遽改而下獄。一八六九年，因獲江藤新平（一八三四～一八七四）之鼎力協助而以待詔院出仕。佐賀之亂、西南戰爭（一八七七）時則擔任審判長主審叛徒。一八八一年爲農商務卿。同年，因發生政變而下野。明年三月，參加組織立憲改進黨。又明年，主張解散該黨而與大隈重信同時脫離黨籍。一八八八年任樞密顧問官。一八九二年，爲第一次松方正義內閣之農商務大臣、法務大臣、內務大臣，及第二次伊藤內閣之文部大臣。

註二六：明治十三年（一八八〇）十二月二十八日，「太政官布告第五十九號」。

註二七：教育史編纂會編，《明治以降教育發達史》，二，頁二五六～二五八。

註二八：註二〇所舉書頁一〇七。

註二九：福岡孝悌（一八三五～一九一七），出身土佐藩之政治家。俗稱藤次。原任該藩之郡奉行，一八六七年升爲參政。同年，與後藤象二郎（一八三八～一八九七）等人爲將政權歸還其朝廷而努力。一八七〇年，以土佐藩「權大參事」身分，與大參事板垣退助（一八三七～一九一七）斷然實施藩政改革。歷任文部大輔、司法大輔等職，於一八七五年任元老院議官，後來爲參議兼文部卿、參事院議長、樞密發問官等職。

註三〇：元田永孚（一八一八～一八九一），出身熊本藩的漢學家。號東野。受教育於時習館，獲橫井小楠（一八〇九～一八六九）之感化。幕府末年擔任京都留守、高瀨町奉行等職。一八七〇年爲宣教使，兼任參事。明年，出仕宮內省，擔任侍讀、侍講等工作。其間，撰寫〈教育大旨〉、〈幼學綱要〉等，爲以儒教教化其國民而不遺餘力。一八八六年，任宮中顧問官。又明年，任樞密顧問官。曾經參與研擬《皇室典範》、〈教育勅語〉草案，頗得明治天皇之信賴，爲當時宮中保守思想之代表人物。

註三一：松方正義（一八三五～一九二四），出身薩摩藩之藩閥政治家。曾以大藏、內務兩省之高級官僚身分推行「地租改正」、「殖產興業」等政策。一八八一年發生政變以後，任參謀兼大藏卿之職，斷然整頓紙幣，推行所謂「松方財政」政策，爲創設日本銀行及確立匯兌制度而盡力。之後，屢爲大藏大臣，並以藩閥鉅頭身分組閣兩次。歷任樞密顧問官、內大臣等職，以元老資格參與重要政策的決定工作。

註三二：明治十八年（一八八五）八月二十八日，「太政官布告第二十三號」。

註三三：井上毅（一八四三～一八九五），號松陰。出身熊本藩之政治家。生於飯田家而爲井上家之養子。任職司法省而被派往法、德。返國後爲大久保利通所起用。一八八一年，任參議院議官，爲岩倉具視、伊藤博文等人所賞識。在伊藤之下爲草擬《大日本帝國憲法》及《皇室典範》而努力。亦曾參與草擬〈教育勅語〉及其他許多詔勅、法令之工作，而以卓越官吏著稱。歷任法制局首長、樞密院書記官長等職後，於一八九〇年爲樞密顧問官。一八九二年第二次伊藤內客之文部大臣。

註三四：請參看武田清子，〈天皇制思想の形成〉，收錄於岩波講座《日本歷史》，十六，近代三（東京，岩波書店，一九六七年十二月）。

註三五：「自由民權」運動，日本明治時代，爲要求開設國會，制訂憲法，實施民主主義政策等之政治運動。一八七四年一月，前參議板垣退助、後藤象二郎等人因主張征韓失敗而下野，提出設民選議會之〈建議書〉，並組愛國公黨而引起很大的回響。四月，板垣於四國高知設立志社以後，此類組織便分別出現於四國、九州各地，聚合成爲愛國社。初時以不滿政府作風之士族爲中心，立志社中雖有響應西南戰爭的動向，但在其間因對「地租改政」之推行，有爲主張農民利益而要求設立地方民會之大戶農家的動向日益顯著。當自由民權運動者獲得那些農民的支持以後，其組織便擴及日本全國，乃於一八八〇年將愛國社改稱「國會期成同盟」，獲二十萬人之簽名請願。因此，明治政府乃以「集會條例」來加以壓制，且於一八八一年斷然實施政治變更，而不得不與他們約定制訂憲法與開設國會之事。於是他們便組成自由黨與立憲改進黨。明年，自由黨因不滿政府對福島事件（一八八二）的鎭壓，乃與因松方正義之緊縮財政政策感到不滿的農民們結合在一起，以武力抗爭而引起群馬、秩父、加波山等事件。結果，黨部首腦因無法統御他們而於一八八四年解散自由黨，改進黨之高級幹部亦主張解散而退黨，於是其活動便沉寂下來。

註三六：山縣有朋（一八三八～一九二二），出身長州藩之軍人、政治家。曾經就學於松下村塾。以奇兵隊軍監、總督身分活躍於幕府末年之動亂時期。明治維新以後，赴歐考察。返國以後任兵部少輔。一八七二年，以陸軍大輔身分負責草擬「徵兵令」。明年，爲陸軍卿。又明年，爲參議。其間，曾致力於確立軍制，指揮平定士族之叛亂與農民之暴動。一八七八年，當首任參謀本部本部長。一八八二年，參加制定「軍人勅諭」。三年後擔任第一次伊藤內閣之法務大臣。中日甲午戰爭時爲第一軍司令及陸軍大臣，領導其部隊從事侵略戰爭。一八九八年，組第一次內閣。之後，以陸軍大將、元帥身分成爲軍閥之第一人。他也曾經擔任樞密院議長，以元老身分將屬於自己派系的官吏分派到各機關。伊藤博文死後掌握大權，畢生厭惡政黨，爲保守官僚政治而不遺餘力。

註三七：請參看大久保利謙，《明治憲法の出來るまで》（東京，志文堂，一九六六年十一月）。

註三八：內村鑑三（一八六一～一九三〇），高崎藩武士之子。宗教家、評論家。誕生於東京，畢業於札幌農學校。在學期間皈依基督教。歷任「開拓使御用掛」、「北商務省囑託」等職後，前往亞馬斯都大學求學。一八九一年，任教於東京第一高等中學校時，因拒絕禮拜〈教育勅語〉，致遭解聘。

註三九：康澤富太郎，前舉書頁一六四所引《明道小學校沿革史》，明治二十三年（一八九〇）十二月九日條。

註四〇：校長宣讀〈教育勅語〉時，全校師生必須立正低頭聆聽。小學生是否聽得懂艱澀的文句，固然值得懷疑，但它之可使其每一個國民從小學時代開始，即透過這種身體的訓練來達到使他們崇敬、效忠其天皇之目的，則殆無疑慮。

註四一：井上哲次郎（一八五五～一九四四），號巽軒。福岡人。哲學家。東京大學畢業後赴德留學，學成返回母校任教。除致力移植德國之觀念論哲學外，也倡導現象即實在論。企圖組織包括東西方思想的哲學體系。

一八九一年，撰《勅語衍義》，兩年後發表〈教育與宗教之衝突〉一文，以爲基督教乃違反〈教育勅語〉及日本國體者而予以抨擊，以強調其國民道德。晚年則埋頭於學術研究而遺有許多著作。

註四二：《論語》〈八佾篇〉。

註四三：《大學》〈傳之五章〉。

註四四：請參看註一一所舉安川壽之輔之論文。

註四五：〈學制〉，第八十六章云：「學校的一切事情委諸民間經費」。

註四六：福澤諭吉（一八三五～一九〇一），出身中津藩的啓蒙思想家。曾在大阪的緒方塾學荷蘭學。一八五八年在江戶開荷蘭學之私塾。曾經三度隨幕府使節前往歐美考察近代文明。其間，擔任幕府翻譯官。明治以後，專門從事教育，及以言論作啓蒙工作，其侵略中國的言論對日本人的侵略思想造成很大影響。慶應大學的創辦人。

註四七：福澤諭吉在其〈教育方針變化の結果〉（《福澤諭吉全集》第三冊，頁五五一，一九六九年三月，東京，岩波書店。）批評當時的日本小學教育云：「十四年以來，（日本）政府當局未知有何見解，竟急遽改變教育方針，使維新以後歷經艱難方纔使其即將斂跡於社會的古學主義復活，聘請所謂鴻儒碩學之冬烘先生爲學校教師，或重新編纂修身書以爲學生之課本，甚或中止外國語教學，專肆獎勵古老之道德，以嘗試使天下教育跼蹐於忠君愛國之範疇」。

註四八：後藤象二郎（一八三八～一八九七），出身土佐藩的政治家。曾就學於江戶開成所。後爲執行藩政之中心人物。其間，曾勸其藩主山內豐信向幕府建議將政權歸還朝廷。歷任維新政府之參與、參議等職務。一八七三年，因主張征韓失敗而辭職。翌年組織愛國公黨，參與建議設立民選議會。一八八一年，與板垣退助同組自由黨，明年，屈服於其政府之懷柔而外遊。五年後藉修改條約問題而反對政府，發起「大同團結」運動，但被收買。一八八九年以後任遞信及農商務大臣。一八九四年，因設交易所問題被彈劾而辭職。另一方面，則很早就干預朝鮮問題而欲使它成爲日本之屬國，故支援親日分子金玉均（一八五一～一八九四）等人。

註四九：在《小學修身書》之前，曾於一八八〇～一八八一年出版龜谷行所編《修身兒訓》十冊，可謂爲翻譯歐美作品之時代。儒教主義時代之過渡期的修身課本身所強調者，乃儒教的封建的倫理。茲依其目次，將其卷一至卷三的課文內容分類如下：

卷第＼課別	一	二	三	四	五	六	七	八	九	十	十一
一	△孝悌	養生	△師友	※學問與用功	語言	儀容躬行					
二	△倫常	交際	語言	學問立志	△節儉 ※安分	※生業	改過	躬行			
三	立志	※用功	學問	交際	處事	※治產	△安分	△倫常	厚德	躬行	警戒

典據：唐澤富太郎，《教科書の歷史》，頁一一一。

註：右上角附※者係西洋倫理色彩濃厚者，附△者則是儒教倫理意味濃郁者。

註五〇：福譯諭吉，〈儒教主義の成跡甚だ恐る可し〉，《福澤諭吉全集》，第九冊（東京，岩波書店。一九七一年七月），頁二八〇～二八一。

註五一：福澤諭吉，前舉書第三冊，頁五五一。

註五二：唐澤富太郎，前舉書頁一二四。

註五三：明治十九年（一八八六）四月十日「勅令第十四號」。〈小學令〉第十三條云：「小學教科書限於文部大臣所檢定者」。

註五四：註五一所舉書頁一五一。

註五五：天野爲之編，《小學修身經》（一八九三年刊行，尋常科、高等科各四冊）〈緒言〉云：「本書係根據明治二十三年十月三十日所頒〈教育勅語〉之聖旨，並遵照「小學教則大綱」來敍述修身之要義，以培養兒童之品德，以期獎勵其躬行實踐」。

註五六：唐澤富太郎，《教科書の歷史》，頁一八三所引〈小學校參觀記〉（《信濃教育會雜誌》，明治三十四年五月號）。

註五七：三種神器，自古以來被日本人視爲皇位之象徵而世代相傳的三種器物——八咫鏡、草薙劍、八坂瓊曲玉。它們之來源見於《日本書紀》。天皇如無它們，則被目爲非正統。因鏡、劍、曲玉等常常從古墳中出來，故從古代起即被認爲是古代豪族的傳家之寶，其被視爲皇位之象徵，似乎是從七世紀前後開始的。

註五八：楠公，楠木正成（？～一三三六），日本南北朝時代武將。左衛門衛。河內觀心寺領域內之土豪。一三三一年，參加後醍醐天皇（一三一八～一三三九在位）所領導之討伐鎌倉幕府工作而於河內舉兵。明年，遷至千早城，促各地的反幕府軍隊揭竿起義。建武新政（一三三三～一三三六）以後，兼河內國守與守護之職。一三三五年，足利尊氏（一三〇五～一三五八）舉兵反叛朝廷時與之交戰。明年，敗亡於攝津之湊川（神戶）。戰前被視爲最忠於天皇之武將，故每一所小學均有其全副武裝而騎馬之銅像，欲每一學童以他爲榜樣，效忠天皇。

註五九：見於《帝國議會議事總覽自第一議會至第十二議會》，頁一五二。

註六〇：見於《帝國議會議事總覽個第十三會議會至第二十五議會》，頁八〇～八一。

註六一：見註五九所舉書頁一九二。

註六二：吉田熊次，〈國定修身書の編纂〉，收錄於《教育五十年史》，頁二四五。

註六三：穗積八束（一八六〇～一九一二），愛媛縣人。法學家。東京大學畢業以後留學德國。一八八八年以後任教於東大，擔任憲法課程。一八八九年，爲貴族院議員，並擔任宮中顧問官，帝室制度調查局「御用掛」，國定教科書調查委員等職。

註六四：註五六所舉書頁二七六。

註六五：國家主義、軍國主義色彩濃厚之歌曲名與其所屬卷第如下：

頌揚國體、皇室及強調忠君愛國者：

第三册：二、かがやく光　十一、日本の國　十五、皇后陛下　十九、港

第四册：一、櫻井のわかれ　四、靖國神社　二十、橘中佐

第五册：十、菅公　十九、大塔宮

第六册：二、兒島高德　四、我は海の子　十一、同胞すべて六千萬　十八、天照大神。

頌揚武勇，美化戰爭之軍國情調者：

第三册：十、鴨越　十四、豐臣秀吉　十六、冬の夜　十七、川中島

第四册：七、曾我兄弟　十二、廣瀨中佐　十五、八幡太郎　十七、雪合戰

第五册：一、八岐の大蛇　五、加藤清正　十四、入營を送る　十五、水師營の會見　十六、齋藤實盛

第六册：六、出征兵士　十三、日本海海戰

茲以第四册第四首〈靖國神社〉爲例，將其歌詞錄列如下：

1.花は櫻木人は武士、その櫻木に圍まるる
世を靖國の御社よ。御國のためにいさざよく
花と散りにし人々の、魂はこゝにぞ鎭まれる

2.命は輕く義は重し。その義を踏みて大君に
命さゝげし大丈夫よ。銅の鳥居の奧ふかく

神垣高くまつられて、譽は世々に殘るなり

註六六・吉野作造（一八七八～一九三三），出身宮城縣的政治學家、思想家。東京大學畢業後，於一九〇六年應袁世凱（一八五九～一九一六）之聘，任教於北洋法政專門學堂。三年後爲東大助教授。一九一六年以後開始發表其政論。他的論說給大正民主主義以理論的基礎。主張普選，改革樞密院、貴族院及軍部。一九二四年進朝日新聞社服務，發表政治評論，因筆禍而退職。研究明治時期的政治、思想、文化，並編纂、發行《明治文化全集》。其間，曾爲組織東大新人會、社會民衆黨而努力。

註六七・註五六所舉書頁四三六。此一時期的天皇究竟被塑造成怎樣的人物呢？茲將第二册之課文錄列如下，以供參考。

二十一　テンノウヘイカ　テンノウヘイカハ、ワガ大日本テイコクヲオヲサメニナル、タツトイオンカタデアラセラレマス。テンノウヘイカハ、ツネニ、シンミンヲ子ノヤウニオイツクシミニナツテイラツシヤイマス。私タチガ、大日本テイコクノシンミント生マレテ、カヤウニアリガタイオンカタヲイタヾイテキルコトハ、コノ上モナイシアワセデゴザイマス。

註六八・當時小學教育所要培養的理想人物就是視天皇如父母，如神祇，所以對其修身課本卷一，第一課〈學校〉的教師用書所作解釋爲：「大家變成好孩子，乃父母最高興之事，此亦符合天皇陛下之願望。學校係爲培養大家成爲好人的快樂場所」。

註六九・茲以音樂教材爲例，列舉其充滿超國家主義、法西斯主義之教材如下：

一、無言のがいせん

*1.*雲山萬里をかけめぐり、敵を破つたをじさんが、今日は無言で歸えられた。

*2.*無言の勇士のがいせんに、梅のかをりが身にしみる。みんなは無言でおじぎした。

*3.*み國の使命にぼくたちも、やがて働く日が來たら、をじさんあなたが手本です。

《初等科音樂》，二，此乃企圖喚起學童們之軍國主義情操者。

二、國引き

*1.*國　來い、國　來い、えんやらや。神樣　つな引き、お國引き。

*2.*しま　來い、しま　來い、えんやらや。はつぽう　のこらず　よつて　來い。

《うたのほん》，下，此乃利用其神話故事來培養其「八紘一宇」之精神者。

三、大東亞

*1.*椰子の葉に鳴る海の風。峰にきらめく山の雪。南十字と北斗星、連ねて廣き大東亞。

*2.*ここに生まれし十億の　人の心は皆一つ。盟主日本の旗のもと、ちかひて守る鐵の陣。

*3.*空は晴れたり、あかつきの　光あふるる四方の海、みなはらからとむつみあひ、こぞりて築け　大東亞。

《初等科音樂》，三，此乃擬教建設大東亞，將日本勢力伸張於亞洲每一個地區者。

四、大八洲

明治〈教育勅語〉與日本近代化　　二四一

1.神生みませるこの國は、山川きよき大八洲。海原遠く行くかぎり、御稜威あまねし、大東亞。
2.神しろしめすこの國は、豐葦原の中つ國。瑞穗のそよぎゆたかなる、惠み仰がん、大東亞。
3.神まもりますこの國は、きはみもあらず浦安の、大船しぎきゆきかひも、とはに安けき大東亞。
《初等科音樂》三，此乃企圖加強國家主義思想之教材。